Ist mein Kind schulreif?

Ist mein Kind schulreif?

Spielerische Übungen
für einen erfolgreichen Start

herausgegeben von
Gabriele Roß

und illustriert von
Ulla Häusler

Pattloch Verlag

Die Deutsche Bibliothek - CIP-Einheitsaufnahme

Ist mein Kind schulreif?: Spielerische Übungen für einen
erfolgreichen Start/
hrsg. von Gabriele Ross und ill. von Ulla Häusler. -
Augsburg: Pattloch, 1995
ISBN 3-629-00229-3
NE: Ross, Gabriele [Hrsg.]; Häusler, Ulla

Gedruckt auf umweltfreundlich chlorfrei gebleichtem Papier

Pattloch Verlag, Augsburg
© Weltbild Verlag GmbH, 1995
Satz: 11/12$\frac{1}{2}$ P. Palatino von Uhl+Massopust, Aalen
Druck und Bindung: Westermann-Druck, Zwickau
Printed in Germany

ISBN 3-629-00229-3

Inhalt

Schulanfang!

Matthias freut sich wie ein Schneekönig, weil er bald in die Schule kommt. Daniel hat die Hausaufgaben-Leiden seines großen Bruders zur Genüge mitbekommen und dabei alle Lust auf Schule verloren. Eva will gern ein Schulkind sein, aber sie ist so ängstlich und schüchtern, daß es ihr vor den vielen Kindern graut.

Schulanfang! Für Kinder wie für Eltern türmt sich da ein Berg von gemischten Gefühlen auf: Freude und Angst, Neugier und Bedenken, Spannung und Sorgen. Zu Recht, denn schließlich ist der Schuleintritt ein ganz entscheidender Schritt auf dem Lebensweg. Eine neue Umgebung, neue Pflichten und neue Anforderungen kommen auf die Kinder zu. Der „Ernst des Lebens", wie es so oft heißt?

Was Schule tatsächlich bedeutet, das ist mehr oder weniger unklar. *„Da lerne ich lesen und schreiben"*, sagen die Kinder. *„Da mußt du stillsitzen"*, sagen wahrscheinlich Oma und Opa. *„Da mußt du gut aufpassen"*, sagen die Eltern. Die eigene Schulzeit ist schon eine Weile her, und von der Schule heute haben viele Eltern keine genaue Vorstellung. Was wird da erwartet? Was wird da verlangt? Was soll ein Kind können, wenn es in die Schule kommt? Wann ist ein Kind überhaupt schulfähig? Lesen, schreiben, rechnen lernen – wie geht dieses Lernen überhaupt vor sich? Kann man vorher schon üben? Oder ist es gefährlich, den Schulstoff vorweg zu nehmen?

Was dieses Buch will

Dieses Buch will einige Antworten auf diese Fragen geben. Es will den Schulanfang und das schulische Lernen für die Eltern durchsichtiger machen. Und so vielleicht auch manche Angst vor dem Neuen nehmen. Es gibt eine Menge von Hinweisen und Anregungen, wie Eltern mit ihren Kindern vorsorgen können für die Schule und wie man den Alltag so gestalten kann, daß der Übergang zur Schule leichter fällt.

Das Buch will Sie als Eltern zunächst informieren über die Schule und das Lernen. Beobachtungsfragen zu einzelnen Lernbereichen sollen Ihnen helfen, die Fähigkeiten und den Entwicklungsstand Ihres Kindes einzuschätzen.

Es werden dann jeweils Tips und Spielereien angeboten, die zum Lernen in der Schule hinführen.

Sie finden außerdem ganz praktische Ratschläge für den Alltag, denn viele, viele Fähigkeiten erwirbt Ihr Kind nicht durch Üben oder durch gezielte Aufgaben, sondern einfach durch den Austausch und den täglichen Umgang miteinander.

Die Vorlesegeschichten zu einzelnen Themen können Ihnen und Ihrem Kind vielleicht helfen, sich in Kinder- und Schulprobleme hineinzudenken und hineinzufühlen.

Was dieses Buch nicht will

Was dieses Buch aber nicht will: zum „Schultraining" oder zum Pauken verführen oder die Eltern schon im voraus zu Hilfslehrern machen! Es ist Sache der Schule und nicht der Eltern, Kindern das Lesen, Schreiben und Rechnen zu lernen. Sie als Eltern können ihrem Kind dafür ganz wichtige Voraussetzungen mit auf den Weg geben: eine gute Portion Selbstvertrauen, Spielfreude, Entdeckungsfreude, Neugier und damit Lust aufs Lernen.

So wie Matthias werden sich dann vielleicht auch Daniel und Eva auf die Schule freuen. Und gut und fröhlich gestartet ist schon halb gewonnen!

Erinnern Sie sich?

Erinnern Sie sich an Ihren ersten Schultag? Vielleicht kramen Sie das Foto von damals heraus. Fast jeder besitzt noch das berühmte Bild: neu ausstaffiert und frisch gekämmt, mit der Schultüte im Arm, mehr oder weniger fröhlich in die Kamera schauend. Eine ganze Galerie von solchen Fotos könnte Bände sprechen über die gemischten Gefühle an diesem besonderen Tag.

Wenn Sie Ihr eigenes Foto zur Hand haben, betrachten Sie doch einfach mal Ihr Gesicht und versuchen Sie, darin zu lesen. Können Sie sich an die Gefühle von damals auf dem ersten Schulweg erinnern? Sehen Sie das Klassenzimmer noch vor sich, die Lehrerin oder den Lehrer und die künftigen Schulkameraden? Es tut gut, sich an eigene Erfahrungen zu erinnern. So sieht man klarer, was man „im Hinterkopf" hat. Welche Ängste Sie für Ihr Kind haben, was Sie erwarten – das alles hängt auch davon ab, was Sie selbst erlebt haben. Wenn Ihnen die Schulzeit ein Greuel war, dann denken Sie daran, daß es für Ihr Kind auch ganz anders sein kann. Wenn Sie mühelos ständig gute Noten einheimsten, so muß Ihr Kind deshalb nicht auch ein Einser-Schüler werden.

Kindern wird so viel von der Schule erzählt. Oft genug aber wird ihnen immer noch mit der Schule regelrecht gedroht: *„Warte nur, bis du in die Schule kommst!"* oder *„Da weht ein anderer Wind, wenn du erst mal in der Schule bist!"* Sie können sich selbst ausmalen, was für eine Vorstellung Kinder da bekommen.

Sie brauchen die Schule auch nicht in den schönsten Farben zu schildern. Das ist unrealistisch, und beim ersten Mißerfolg wird Ihr Kind sich dann enttäuscht und belogen fühlen. Schule heißt eben auch: Pflichten erfüllen und manches „müssen", was man gerade absolut nicht will. Auf jeden Fall: Machen Sie Ihrem Kind keine Angst vor der Schule! Angst ist die schlechteste Voraussetzung überhaupt. Denn Angst hemmt das Lernen und macht unsicher.

Lust auf Schule und Lust aufs Lernen und auf das Neue – das ist die beste Grundlage für einen guten Start in der Schule.

Was erwarten Sie?

Haben Sie selbst schon bestimmte Erwartungen an Ihr Kind? Wie hoch sind sie? Was erhoffen Sie sich? Was befürchten Sie? Es lohnt sich, über diese Fragen eine Weile nachzudenken und sich selbst zu erforschen.

Für manche Eltern steht schon im voraus fest, daß ihr Kind aufs Gymnasium gehen muß. Im extremen Fall haben sie auch das Berufsziel schon bestimmt: Arzt, Apotheker, Lehrer, Architekt? Was ist, wenn dem Kind das Lernen nicht so leicht fällt wie gedacht? Wenn es den Druck der Erwartungen spürt und Angst bekommt, zu versagen? Diese Eltern bürden dem Kind eine Last auf, an der es schwer zu tragen hat.

Ein Kind ist kein Roboter, der auf Knopfdruck ausführt, was man ihm befiehlt. Jedes Kind hat ganz eigene Anlagen und Fähigkeiten. Es sollte so wie es ist akzeptiert werden. Sonst fühlt ein Kind sich immer „ungenügend".

Reif für die Schule?
Hilfen für eine wichtige Entscheidung

Mit sechs, spätestens mit sieben Jahren muß ein Kind in die Schule. Was – außer dem Alter – entscheidet aber darüber, ob ein Kind tatsächlich der Schule gewachsen ist?

„Ist das Kind schulreif?" fragt man immer noch. Dabei ist der Begriff in der Pädagogik heute gestrichen. *Schulreife* nämlich geht von der überholten Vorstellung aus, man müsse nur zuwarten, bis das Kind – wie ein Apfel am Baum – von selbst reife. Heute weiß man, daß Wachstum und Entwicklung nicht nur von selbst kommen. Nicht nur die Anlagen und die Reifung spielen eine Rolle, sondern ebenso die Lernbedingungen und die Anstöße aus der Umwelt. Man spricht deshalb jetzt von *Schulfähigkeit* und meint damit das ganze Paket von Voraussetzungen, die ein Kind mitbringen muß.

Viele Untersuchungen kamen immer wieder zum gleichen Ergebnis: Zuwarten allein hilft nichts, und wenn Kinder vom Schulbesuch zurückgestellt werden, haben sie nicht automatisch ein Jahr später einen besseren Start. Eben weil ein Kind nicht nur reift, sondern auch gefördert werden muß. Der Gewohnheit halber wird der Begriff *schulreif* freilich nach wie vor benutzt. Man darf ihn nur, wie gesagt, nicht falsch verstehen.

Was braucht ein Kind also, um schulreif oder schulfähig zu sein? Wissenschaftler und Praktiker haben sich um diese Frage bemüht. Tests wurden entwickelt, um den Schulerfolg vorhersagen zu können. Eine sichere und für jedes Kind gültige Antwort gibt es nicht. Im Gegenteil: Eine Untersuchung ergab, daß aufgrund von Schulreifetests

genauso viele falsche Entscheidungen getroffen wurden wie ohne jede Überprüfung vor Schulbeginn!

Es gibt dennoch einige Anhaltspunkte: Schulfähigkeit sozusagen über den Daumen gepeilt.

Grundsätzliche Fragen, die man bei der Einschulung auf jeden Fall bedenken sollte

☐ Ist das Kind körperlich gesund?

☐ Sind die Sinnesorgane intakt? Hört und sieht es gut?

☐ Kann sich das Kind von zuhause trennen und den Vormittag in neuer Umgebung mit vielen anderen Kindern gemeinsam verbringen?

☐ Ist es Kontakt mit anderen Kindern gewöhnt? Kann es sich in eine Gruppe einfügen?

☐ Kann es seine Bedürfnisse äußern? Kann es sich behaupten?

☐ Kann das Kind über einen längeren Zeitraum alleine oder mit anderen Kindern spielen?

☐ Kann es sich selbständig an- und ausziehen?

☐ Kann es mit dem schulischen „Handwerkszeug" wie Stiften, Schere und Papier umgehen?

☐ Bewegt sich das Kind mühelos?

☐ Geht es die Treppe sicher hoch? Kann es für zehn Sekunden auf einem Bein stehen oder auf einem Seil balancieren?

☐ Ist es in der Lage, sich für eine Weile auf eine Sache zu konzentrieren?

☐ Kann es zuhören und warten?

☐ Ist das Kind neugierig auf die Schule?

☐ Interessiert es sich für Buchstaben und Zahlen? Kennt es die Farben?

☐ Kann es bis zehn zählen und Dinge abzählen?

☐ Kann es Namen und Adresse sagen?

☐ Versteht es kleine Geschichten? Kann es den Inhalt folgerichtig wiedergeben?

☐ Versteht das Kind Aufträge, auch wenn mehrere Aufgaben gestellt sind?

☐ Hat das Kind eigene Ideen beim Spielen, Bauen und Geschichten erzählen?

Lassen Sie sich helfen!

Im Zweifelsfall muß immer die Entwicklung des Kindes genau angeschaut werden. Die Einschulung ist ein so entscheidender Lebensschritt, daß sich die Mühe lohnt. Lassen Sie sich bei der Entscheidung helfen! Die Erzieherin im Kindergarten weiß, wie sich ihr Kind in der Gemeinschaft verhält, wo es seine Stärken und Schwächen hat. An vielen Schulen werden die Kinder mittlerweile zu einem „Unterrichtsspiel" eingeladen, bei dem sie von erfahrenen Lehrern beobachtet werden. Hinweise auf Probleme oder Auffälligkeiten sind nicht böse bemeint, sondern für das Kind gedacht. Mißerfolg in der Schule tut weh. Wenn sich ein Kind als Versager erlebt, erfährt es täglich neue Verletzungen.

Ob die Schule von heute den Kindern von heute entspricht, darüber läßt sich lange streiten. Konkurrenz, Leistungs- und Notendruck, Klassen mit 30 Kindern oder mehr, eine Unmenge Schulstoff, viele Vorschriften „von oben herab" oder ein Unterricht, der die Kinder oft nicht selbst entdecken, sondern nur zuhören läßt und die Fragen erstickt – das sind Bedingungen, die nicht jedes Kind verkraftet. Sie können als Eltern nicht von heute auf morgen dieses System verändern, aber Sie können sich etwa im Elternbeirat engagieren und für die Interessen der Kinder eintreten. Vielleicht gelingt es in kleinen Schritten, daß sich die Schule mehr an die Kinder anpaßt als umgekehrt.

Was tun bei Problemen?

Wenn die Einschulung nach Ihren eigenen Beobachtungen oder nach den Aussagen der Erzieherin oder der Lehrer für Ihr Kind tatsächlich ein Risiko ist, so sollten Sie gemeinsam mit den Fachkräften nach einer Lösung suchen. Es gibt unterschiedliche Probleme, die jeweils individuell besprochen und gelöst werden müssen. Lassen Sie sich von verschiedenen Stellen beraten. Scheuen Sie sich nicht Beratungsstellen wiederholt aufzusuchen. Eine Zurückstellung und Zuwarten allein hilft wenig – darin ist man sich mittlerweile einig. Das Kind braucht gezielte Förderung, die Entwicklung muß sozusagen „angeschubst" werden.

Die Angebote sind je nach Bundesland verschieden. Ob eine spezielle Therapie, ein Vorschulkindergarten, eine Vorklasse oder eine besondere Schule – Sie sollten sich auf jeden Fall gut informieren. Die oft gefürchtete „Sonderschule" von einst heißt heute vielerorts „Förderschule" und bietet Problemkindern in kleinen Klassen tatsächlich beste individuelle Lernförderung und damit bessere Startchancen. Suchen Sie den Rat von Fachleuten und wägen Sie ab, was für Ihr Kind die bessere Lösung ist! Sie sollten dabei wissen, daß die ersten Schuljahre der wichtige Grundstock des Lernens sind – und vor allem daran denken, daß es Ihrem Kind in der Schule gut gehen soll.

Von Schleife, Schulweg und Spitzer

Praktische Fähigkeiten für die Schule

Es sind viele ganz praktische Kleinigkeiten, die in der Summe aber über einen guten Schulstart mitentscheiden. Das fängt beim pünktlichen Aufstehen an und hört beim Packen der Schultasche für den nächsten Tag noch längst nicht auf. Sie können Ihrem Kind eine ganze Menge an Unsicherheiten ersparen und ihm den Schulalltag erleichtern, wenn Sie auf diese Abläufe schon vorher achten.

Pünktlich aus den Federn!

Die Schulglocke – ein hörbares Zeichen dafür, daß ganz neue Zeiten anbrechen! Im Kindergarten gibt es meistens weder eine verbindliche Anfangszeit noch die Pflicht zum Erscheinen. In der Schule muß man – außer bei Krankheit – täglich und pünktlich da sein.

Das ist eine gewaltige Umstellung, die man nicht unterschätzen sollte. Und es geht viel glatter, wenn der neue Rhythmus schon eingespielt ist. Manche Eltern neigen dazu, ihr Kind nur unregelmäßig in den Kindergarten zu schicken oder sind allzu schnell nachgiebig, wenn es keine Lust auf den Kindergarten oder ein Wehwehchen hat. Sie tun dem Kind damit keinen Gefallen. Gerade am Ende der Kindergartenzeit sollten sich die künftigen Schüler schon an einen fest geregelten Ablauf gewöhnen können.

In der Schule müssen die Kinder früh um acht oder halb neun fit und wach

sein. Wer morgens verschlafen im Klassenzimmer sitzt, ist nicht aufnahmefähig. Aber nur wer rechtzeitig ins Bett geht, kommt am Morgen frisch und pünktlich aus den Federn. Das Schlafbedürfnis ist bei Kindern wie bei Erwachsenen unterschiedlich groß. Ein Durchschnittswert: Sieben- bis achtjährige Kinder brauchen etwa elf Stunden Schlaf. Sie müssen als Eltern selbst herausfinden, wieviel Schlaf Ihr Kind nötig hat, um am Morgen wirklich fit zu sein. Um 20 Uhr dürfte für Schulanfänger aber auf jeden Fall höchste Zeit fürs Bett sein. Daß ein Schulkind nicht noch später vor dem Fernseher sitzt, ist selbstverständlich. Ein schönes Einschlafritual mit Vorlesen, Erzählen oder Beten tut allen Kindern gut.

Die Zeiteinteilung ist dann auch am Morgen eine ganz neue Aufgabe. Die können Sie dem Kind ruhig allmählich selbst überlassen. Waschen, anziehen, die Schultasche herrichten – diese Dinge kann Ihr Kind selbständig tun, ohne daß Sie ihm jeden Handgriff abnehmen. Trödlern hilft oft ein Wecker, den man gemeinsam einstellt oder bei dem man das Zifferblatt kennzeichnet. Für ein gesundes ausführliches Frühstück – am Tisch und nicht im Stehen! – muß allemal Zeit bleiben.

Selbständigkeit ist gefragt

„Wer das erste Knopfloch nicht findet, kommt mit dem Zuknöpfen nicht zurecht.“ Dieses Goethe-Zitat gilt nicht nur im übertragenen, sondern gerade im wörtlichen Sinne. Man könnte es für Kinder auch so sagen: *„Wem schon beim ersten Knopfloch geholfen wird, der wird das Zuknöpfen nicht lernen.“* Selbständigkeit nämlich ist vor allem gefragt, wenn Kinder in die Schule kommen. Dafür können Sie als Eltern lange vorher schon eine Menge tun. Wer Kindern alles abnimmt, nimmt ihnen auch die Chance zum Selbermachen und Selberkönnen. Sehr behütete Kinder, die wenig an Selbständigkeit gwöhnt sind, haben es schwer in der Schule. Da gibt es die helfende Hand der Mutter oder der Erzieherin nicht mehr. Mit tückischen Reißverschlüssen und engen Knopflöchern müssen die Kinder alleine zurechtkommen, die Schuhe müssen sie sich selbst binden können, sie müssen ihre Sachen aufräumen und auch wieder finden. Sie ersparen Ihrem Kind unnötigen Ärger, wenn es das alles längst gelernt hat.

TIPS FÜR'S FRÜHSTÜCK GIBT'S AUF S. 18

Ordnung halten – wie geht das?

Ordnung ist für Kinder ein Kapitel für sich. Spätestens in der Schule aber spielt Ordnung tatsächlich eine große Rolle. Wenn in der Schultasche alles wie Kraut und Rüben durcheinander liegt, vergeht schon mit Suchen viel zuviel Zeit und damit jede Lust aufs Lernen oder auf die Hausaufgaben.

Wenn ein Kind in der Schule erst mal lange kramen muß, bis es alle Utensilien zur Hand hat, verpaßt es vielleicht schon den Anschluß. „Schlamper" fallen schnell auf, und sie haben auch eher den Stempel des „schlechten Schülers".

Ordnung ist freilich nicht Selbstzweck. Sie erleichtert Schulkindern einfach den Alltag, und die äußere Ordnung sorgt auch besser für die Ordnung im Kopf. Das fängt nicht erst mit dem Schulranzen, sondern schon im Kinderzimmer an. Kinder sollten schon viel früher wissen, daß jedes Ding seinen Platz hat, damit man nicht lange zu suchen braucht.

Eine Stifteschachtel zum Beispiel, eine Papier-Schublade, die Spielzeugkiste oder das -regal – das können Kinder gut alleine in Ordnung halten. Je früher und selbstverständlicher sich Kinder um ihren eigenen Krimskrams kümmern, desto leichter finden sie sich dann auch mit ihren Schulsachen zurecht.

Die Schultasche

Wenn Sie Ihrem Kind eine Schultasche kaufen, dann probieren Sie doch gleich das Einsortieren aus: Wo kommt das Mäppchen hin, wo die Dose mit dem Pausebrot, wie stellt man Bücher in die Tasche, wie kann man Hefte einpacken, ohne daß sie Eselsohren bekommen?

Die Schultasche sollte übrigens möglichst leicht sein und so stabil, daß man sich zur Not auch mal draufsetzen kann. Einfache Verschlüsse und Katzenaugen hat heute jede gute Schultasche. Achten Sie beim Kauf darauf, daß die Tasche gut verstellbare Riemen hat und wirklich gut sitzt! Natürlich muß die Schultasche Ihrem Kind gefallen. Schließlich soll es ein Begleiter für einige Jahre sein.

Das Handwerkszeug des Schulkindes

Auch Schulkinder haben ihr „Handwerkszeug": unterschiedliche Stifte, Spitzer, Radiergummi, Lineal, Pinsel, Klebstoff, Schere, Hefte, Mappen, Hüllen und Umschläge. Vieles kennt Ihr Kind schon aus dem Kindergarten. In der Schule kommt es darauf an, alle diese Dinge und noch viel mehr sicher handhaben zu können.

Vielleicht gehen Sie mit Ihrem Kind einfach mal in ein Schreibwarengeschäft und zeigen ihm, was es alles gibt

an Schreibgeräten und Utensilien mit allen möglichen schwierigen Namen: Schnellhefter, Sichthüllen, Verstärkungsringe, Register, Locher, Klammergerät… Vorschulkinder lieben es gewöhnlich, Schulsachen zu besitzen. Also suchen Sie doch gemeinsam eine Mappe oder ein Heft mit Umschlag aus! Da kann Ihr Kind seine Malwerke sammeln, kritzeln oder zeichnen oder schreiben ausprobieren.

Was Ihr Kind für die erste Klasse alles benötigt, erfahren Sie spätestens am ersten Schultag von der Lehrerin oder dem Lehrer. Sie brauchen also nicht vorher schon einzukaufen.

Den Umgang mit Stift und Schere lernen Kinder im Kindergarten. Sie brauchen daheim nicht zu üben. Aber Sie sollten Ihrem Kind viele Gerätschaften zum Schreiben, Malen, Kleben und Schneiden bereitstellen und es nach Lust und Laune experimentieren lassen. So bekommt es das Material „in den Griff". Auch hier sollte Selbständigkeit groß geschrieben werden. Ihr Kind muß schon selber dafür sorgen, daß die Stifte gespitzt sind, daß der Kleber nicht austrocknet und der Radiergummi nicht schmierig wird.

Ein Platz zum Arbeiten

Auch daran sollten Sie schon vor dem Schulbeginn denken: Schulkinder brauchen einen Platz zum Arbeiten. Der sollte hell, ungestört und übersichtlich

sein. Es muß kein teurer neuer Schreibtisch sein. Genausogut kann man einen alten und unempfindlichen Tisch bunt bemalen und so zusägen, daß er dem Kind in der Höhe paßt. Die Füße sollten nicht über dem Boden baumeln, sondern fest aufgestellt werden können: das ist wichtig für Haltung und Konzentration. Und wieder oberstes Gebot: Das Kind muß seinen Arbeitstisch selbst in Ordnung halten.

Den Schulweg erkunden

Viele Organisationen und die Polizei bemühen sich seit Jahrzehnten um die Schulwegsicherheit. Schilder und Transparente warnen und weisen die Autofahrer auf den Schulbeginn und auf Schulwege hin.

Sie können selbst viel dafür tun, daß Ihr Kind wohlbehalten zur Schule und wieder nach Hause kommt. Erkunden Sie auf jeden Fall den Schulweg mit Ihrem Kind! Erster Grundsatz dabei: Wählen Sie nicht den kürzesten, sondern den sichersten Weg! Lieber ein kleiner Umweg zu einer Ampel als geradewegs über eine gefährliche Straße!

Gehen Sie den Weg mit Ihrem Kind vor Schulbeginn immer wieder mal ab! So lange, bis Ihr Kind auch wirklich sicher alleine vorausgehen kann, während Sie als „Schutzengel" ein Stück weiter hinten bleiben. Kinder müssen lernen, die Augen offenzuhalten und vor allem auf die Straße zu richten. Im kindlichen Blickfeld sind viele andere Dinge am Wegesrand interessant. Achten Sie deshalb darauf, was dem Kind in die Quere kommen könnte! Verleitet ein Schaufenster zum Trödeln? Lenkt eine Plakatwand vom Verkehr ab? Versperren Autos den Blick auf ein Straßenstück?

In vielen Orten bieten Verkehrswacht und Polizei Informations- und Beratungsabende an. Nutzen Sie die Gelegenheiten!

Schulweg-Lied

Achtung, Achtung – 1, 2, 3!

Text: Gabriele Roß/Eva Aichert
Melodie: Eva Aichert

1. Wenn du an der Stra - ße stehst: Halt! be-vor du rü - ber gehst!

Hö - re gut und schau ge-nau, wie ein Luchs, dann bist du schlau!

R: Ach-tung, Ach-tung 1 - 2 - 3 Halt! Hier spricht die Po-li-zei

Auf dem Schul-weg Au-gen auf! Oh-ren spit-zen, ach-te drauf!

Wenn du an der Kreuzung stehst:
Halt! Bevor du rübergehst!
Zeigt die Ampel grünes Licht,
gehe schnell und trödle nicht!

Refrain: Achtung, Achtung…

Siehst du Streifen schwarz und weiß
wie beim Zebra, ja das heißt:
Dort kannst du hinübergehn,
wenn die Autos alle stehn.

Refrain: Achtung, Achtung…

Tips fürs Schüler-Frühstück

Ihr Kind braucht für die Schule viel Energie. Und die liefert vor allem eine richtige, ausgewogene Ernährung.

Das Frühstück ist für Schulkinder die wichtigste Mahlzeit des Tages. Stehen Sie also lieber eine Viertelstunde früher auf und nehmen Sie sich gemeinsam wirklich Zeit dafür!

☐ Ein schön gedeckter Tisch lädt auch Morgenmuffel zum Frühstück ein. Notfalls kann der Tisch schon am Vorabend hergerichtet werden.

☐ Wenn möglich, sollte die Familie gemeinsam frühstücken – und natürlich ohne Hektik, Zank und Schimpfereien!

☐ Das sind Lebensmittel, die Ihr Kind mit allen nötigen Nährstoffen versorgen: Vollkornbrot oder -brötchen, frisches Obst, frisch geschrotetes Müsli oder Getreideflocken, Quark, magerer Käse oder Schinken, Honig. Zum Trinken: frisch gepreßter Obstsaft, Milch und Milchmixgetränke oder Buttermilch, Kakao oder Kräuter- und Früchtetees. Vitamine und Eiweiß – in Milch und Milchprodukten und in Getreideprodukten – sind für Kinder im Wachstum besonders wichtig.

☐ Das sollte möglichst nicht auf dem Frühstückstisch stehen: Weißbrot, Süßigkeiten und Gebäck, stark gezuckerte Marmelade, Nougatcreme, Kaffee oder schwarzer Tee, Limonade.

☐ Spätstarter, die in der Frühe noch nichts hinunterkriegen, sollten wenigstens ein Glas frisch gepreßten Orangensaft oder eine Tasse Milch oder Kakao trinken. Dafür muß das Pausenbrot dann umso reichhaltiger sein.

☐ Die „Frühstücks-Energie" ist nach einigen Stunden Unterricht verbraucht. Dann läßt die Konzentration nach. Das Pausenbrot als Zwischenmahlzeit ist wichtig, damit Ihr Kind wieder in Schwung kommt und etwas leisten kann.

☐ Die Auswahl der Lebensmittel fürs Frühstück gilt auch für die Pause. Brot mit Wurst oder Käse, Obst, Gemüse und Milchprodukte oder Säfte – damit kann man für gesunden und abwechslungsreichen Energie-Nachschub sorgen.

☐ Süße Teilchen vom Bäcker, Schokoriegel oder Milchschnitten sind nicht nur teuer, sondern schaden auch den Zähnen und haben nur geringen Nährwert.

☐ Lassen Sie Ihr Kind beim Schulfrühstück ein Wörtchen mitreden! Erklären Sie ihm, warum die Pause wichtig ist und stellen Sie gemeinsam mit ihm die Pausenmahlzeit zusammen!

☐ Achten Sie auf umweltfreundliche Verpackungen! Eine hübsche Brotzeitdose und ein Trinkgefäß ersparen alle unnötigen Hüllen und Tüten und damit viel Müll.

Die Geschichte vom Trödel-Oskar

Oskar war ein ewiger Trödler. Er trödelte beim Anziehen und beim Ausziehen, er trödelte beim Essen und beim Zu-Bett-Gehen. Er ging langsam wie eine Schnecke und schaute so langsam wie ein Nilpferd. Eigentlich war Oskar nie richtig wach.

Nun kam Oskar in die Schule. Am ersten Tag ging seine Mutter mit ihm hin, damit er pünktlich da war. Am zweiten Tag sollte er alleine gehen. Na, das konnte ja heiter werden!

Oskar trödelte beim Anziehen und im Badezimmer so lange, daß keine Zeit fürs Frühstück war. Er mußte ohne los.

Bis zur nächsten Hausecke ging er noch einigermaßen schnell. Aber dann sah er ein Schneckenhaus auf dem Boden und blieb erst mal stehen, um es anzuschauen. Dann hüpfte er ein Stückchen auf der Bordsteinkante – aber nicht lange, denn da fuhr ein Radfahrer vorbei und dem schaute er eine Weile nach. Als er endlich zur Hauptstraße kam, war er schon wieder schläfrig. Also blieb er stehen und ruhte sich aus. Dann

ging er ein Stückchen. Genau bis zum ersten Schaufenster. Da guckte er und guckte, bis ihm fast die Augen zufielen. Dann ging er wieder ein Stückchen. Aber nur bis zum nächsten Haus. Da saß nämlich eine Katze im Fenster und putzte sich. Sie gähnte. Oskar gähnte auch und blieb noch eine Weile stehen. Dann ging er wieder ein Stückchen. Bis zum Cafe. Da hing nämlich vorne ein Schild mit vielen Eissorten. Die schaute er sich an. Und dann merkte er, daß er Hunger hatte. Schließlich hatte er nicht gefrühstückt. Also ging er ein Stückchen. Bis zur Bäckerei. Da setzte er sich auf die Stufen, machte seine Schultasche auf und suchte nach dem Markstück, das ihm die Mutter gegeben hatte. Das Markstück fand er nicht. Dafür hatte er ein Micky-Maus-Heft eingesteckt. In dem blätterte er eine

Weile. Dann packte er alles wieder ein. Und dann ging er weiter, langsam wie eine Schnecke. Er blieb noch beim Metzgerladen eine Weile stehen, dann beim Rathaus, beim Friseur und vor dem Malergeschäft. An der Kreuzung, wo es zur Schule ging, trödelte er so lange herum, bis die Ampel siebenmal schon wieder auf Rot geschaltet hatte.

Schließlich war er im Schulhof. Aus der großen Schultüre kamen gerade viele Kinder aus der ersten Klasse heraus. Sie hatten alle kleine, bunte Schultüten mit schönen Aufklebern, und auf jeder stand der Name. „He, Oskar!" riefen sie. „Wo kommst du denn her? Schau mal, wir haben heute Schultüten gebastelt und die Lehrerin hat dann in jeder Tüte eine Überraschung für zuhause versteckt!"

Na, was meinst du? Ob Oskar am nächsten Tag auf dem Schulweg wieder so trödeln wird?

Gabriele Roß

Zappelphilipp hat es schwer

Stillsitzen, zuhören und warten können

„*Er kann keine Minute stillsitzen*" oder „*Er zappelt ständig herum*". Solche Klagen kommen von Eltern und Lehrern. Immer häufiger ist die Rede von unruhigen Kindern. Kein Wunder! Wie sollen Kinder in einer Zeit voller Hektik Ruhe bewahren?

In der Schule aber haben es „Zappelphilipps" schwer. Um das Neue aufzunehmen, müssen Kinder zumindest eine Weile stillsitzen und zuhören können. Und nicht nur das. Im Kreise von 20 oder 30 Kindern kann nicht jeder immer das Wort haben. Das fällt vielen Kindern besonders schwer: warten, den anderen zuhören, auch mal zurückstecken und nicht beleidigt sein, wenn man nicht drankommt.

Wie sollen Kinder all diese Fähigkeiten lernen? Am besten zuhause in alltäglichen Situationen. Erziehung fängt schließlich nicht erst in der Schule an.

Gesprächsregeln

Nur einer spricht! Jeder darf ausreden! Wer etwas zu sagen hat, dem hört man auch zu! Diese Gesprächsregeln begreifen Kinder bald, weil sie ja selbst wollen, daß man ihnen zuhört. Sie brauchen dazu aber das Vorbild der Erwachsenen. Wer anderen dauernd ins Wort fällt oder sie erst gar nicht zu Wort kommen läßt, muß damit rechnen, daß es Kinder genauso machen.

Auf einfache Gesprächsregeln sollte in der Familie konsequent geachtet werden: beim Essen, beim Erzählen, wenn Besuch da ist oder wenn man unterwegs ist.

Das richtige Zuhören spielt dabei eine große Rolle. Wenn Sie als Eltern nur mit halbem Ohr zuhören, wird Ihr Kind immer weiter drängeln. Wenn es aber weiß, daß Sie zur rechten Zeit „ganz

Zum Beobachten

☐ Kann Ihr Kind bei Tisch sitzenbleiben?

☐ Kann es warten, bis Sie ein Gespräch mit jemand anderem zu Ende geführt haben?

☐ Drängelt sich Ihr Kind auffallend in den Mittelpunkt?

☐ Stört es ständig, wenn Sie telefonieren oder ein Gespräch führen? Fällt es anderen immer ins Wort und spricht dann sehr laut?

☐ Sitzt es beim Malen oder Vorlesen für eine Weile ruhig oder hüpft und zappelt es dauernd?

☐ Kann es bei kleinen Vorlesegeschichten bis zum Schluß zuhören?

☐ Hört Ihr Kind auf den Inhalt, wenn andere etwas erzählen oder unterbricht es häufig und erzählt nur von sich? Reagiert es auf Fragen richtig? Kann es, wenn es erzählt, bei einem Thema bleiben?

Ohr" sind, wird es auch ein Telefongespräch oder eine Unterhaltung abwarten können.

Vorlesen, erzählen, träumen

Bilderbücher sind bestes Denk- und Lernfutter für Kinder. Vorlesen, die Bilder betrachten, vermuten, wie es weitergeht, mit den Helden und Hauptfiguren Abenteuer bestehen – bei all dem lernt ein Kind nicht nur das genaue Zuhören, sondern auch das Mitdenken und Mitfühlen. (Tips fürs Vorlesen gibt es auf S. 56.)

Mindestens genauso spannend wie Bücher sind für Kinder Erzählungen der Erwachsenen: selbsterfundene Geschichten, Erlebnisse aus der eigenen Kindheit, Märchen oder einfach Träumereien und Phantasiereisen wie *„Was wäre, wenn wir fliegen könnten?"* Die „Konservensprache" von Cassetten kann dieses echte Erzählen nie ersetzen.

Still sein kann man übrigens auch in Bewegung. Stellen Sie sich vor, wie Sie in einer Hängematte schaukeln! Eine sanfte Bewegung beruhigt und führt manchmal zu mehr Stille und Konzentration als regungsloses Sitzen. Schaukeln Sie Ihr Kind zum Beispiel leise auf Ihrem Schoß, während Sie eine Geschichte vorlesen!

Lassen Sie das Kind in einem Schaukelstuhl, auf einem Kissenturm oder auf einer dicken Matratze sitzen! Gerade Zappelkinder finden dadurch leichter zur Ruhe.

Ein Wort – ein Knopf!

Bei diesem Spiel können Kinder das konzentrierte Zuhören gut üben. Legen Sie eine Schachtel voller Knöpfe auf den Tisch! Sie erzählen mit vielen Ausschmückungen irgendeine selbsterfundene Geschichte, in der ein Wort möglichst oft vorkommt. Zum Beispiel: Die Geschichte vom Herrn *Blau*, der sich eine *blaue* Hose kaufen möchte. Immer wenn das Kind das Wort „blau" hört, soll es sich einen Knopf holen. Oder Ihnen fällt eine Geschichte von einem Kamel ein. Das Wort „Kamel" ist dann das Stichwort. Natürlich kann man die Rollen tauschen, so daß auch das Kind mal zum Geschichtenerzähler wird und Sie zuhören müssen. Dem Einfallsreichtum jedenfalls sind keine Grenzen gesetzt.

Stille Zeit in der Familie

Noch eine Anregung: „Stille Zeit" in der Familie. Vereinbaren Sie gemeinsam täglich einen Zeitpunkt, etwa nach dem Mittagessen oder am Abend. Es gibt nur eine Regel, aber die muß von jedem streng eingehalten werden: Keiner darf den anderen stören! Jeder kann für sich tun, was er will – ob malen, spielen, schreiben, lesen oder einfach ausruhen. Anfangs genügen 15 Minuten. Aber wahrscheinlich werden alle die „stille Zeit" als so wohltuend empfinden, daß man sie allmählich auch auf eine halbe Stunde ausdehnen kann.

Stille Minute

Stille Zeiten sind selten geworden. Achten Sie mal darauf, wann es wirklich still ist im Haus, ohne daß Radio und Fernseher für eine ständige Geräuschkulisse sorgen!

Eine „stille Minute" kann eine schöne Erfahrung für Kinder und Erwachsene sein: Setzen Sie sich gemeinsam hin und versuchen Sie, eine Minute lang jedes kleinste Geräusch zu vermeiden! Da hört sich das Ticken der Uhr oder das Summen des Kühlschranks dann ganz laut an.

Indianertraining

Indianer müssen gute Augen und gute Ohren haben und sie müssen das lautlose Beobachten ausgiebig üben, bevor sie auf die Jagd gehen dürfen. Dieses Indianertraining probieren Kinder gerne aus: im Zimmer oder im Garten drei bis fünf Minuten ganz aufrecht im Schneidersitz verharren, nur der Kopf darf sich bewegen. Welcher Beobachtungsposten hört und sieht am besten und hat hinterher am meisten zu erzählen?

Aktiv oder hyperaktiv?

Der Begriff von den „hyperaktiven Kindern" machte gerade in den letzten Jahren die Runde. Das ist die Frage vieler Eltern: *„Ist mein Kind einfach nur lebhaft, bewegungsfreudig und aktiv oder ist es hyperaktiv? Was ist normal, was nicht?"*

Man muß Kinder gut beobachten, wenn man ihre Schwächen sehen und ihnen auch helfen will. Das sind einige Kennzeichen von hyperaktiven Kindern:

- Sie zeigen extreme motorische Unruhe, sind immer in Bewegung, aber dennoch nicht geschickt in ihren Bewegungen.
- Ihre Bewegungen wirken ungestüm und hektisch oder aber verkrampft und unharmonisch.
- Sie können ihre Kräfte nicht dosieren und kontrollieren und machen deshalb – ohne Absicht – vieles kaputt oder sind grob zu anderen Kindern.
- Sie toben, springen, lassen sich oft auf die Knie fallen, können Gefahren schlecht einschätzen und verletzen sich deshalb oft.
- Sie laufen oft planlos drauflos, werfen häufig etwas um oder rennen gegen Hindernisse.
- Sie kommen mit vielen Tätigkeiten nicht zurecht, bei denen man eine ruhige, sichere Hand braucht: Türme bauen, zielen, malen, falten, schneiden, einschenken, zuknöpfen…

- Sie bewegen beim Malen und Schreiben den Mund oder die Zunge, spielen oder zappeln mit der freien Hand oder mit den Füßen.
- Sie sitzen nie ruhig, sondern kippeln mit dem Stuhl, stellen die Füße nicht auf den Boden oder liegen mit dem ganzen Oberkörper auf dem Tisch.
- Sie sind meist impulsiv und stoßen deshalb andere oft vor den Kopf.

Dazu kommt, daß hyperaktive Kinder schnell frustriert sind – eben weil ihnen so viele Dinge nicht gelingen – und dann umso fahriger und umtriebiger werden. Zum Teufelskreis gehört auch, daß sie viel Zuwendung suchen und brauchen und gerade wegen ihrer „Störungen" nicht bekommen.

Stillsitzen, sich kontrollieren, sich konzentrieren, schreiben und abschreiben – alle diese Anforderungen in der Schule sind für solche Kinder eine einzige Qual.

Die Ursachen liegen sehr oft in Wahrnehmungsstörungen. Das bedeutet: Die Sinne sind nicht genügend entwickelt und arbeiten nicht so gut zusammen, daß die Bewegungen wie am Schnürchen laufen können.

Hilfen für hyperaktive Kinder setzen deshalb bei der Sinnesförderung an. Ergotherapeuten heißen die medizinisch und pädagogisch ausgebildeten Fachleute, die sich mit diesen Störungen befassen. Fragen Sie beim Gesundheitsamt oder bei Ihrem Kinderarzt nach Adressen, wenn Ihr Kind Hilfe braucht!

Vorlesegeschichte

Die Geschichte von der Zappel-Liese

Oskar hatte eine Schwester, die hieß Liese. Oskar machte alles immer ganz langsam, und Liese machte alles immer ganz schnell. So schnell, daß es schiefging. Sie tat alles in Windeseile, sie konnte nie ruhig sitzen und zappelte immer herum. Das regte alle auf.

Wenn Liese Milch in einen Becher goß, zappelte sie so herum, daß es eine Überschwemmung gab. Wenn Liese beim Mittagessen saß, zappelte sie so herum, daß die Teller durch die Gegend flogen. Wenn Liese eine Geschichte erzählte, zappelte sie so herum, daß niemand zuhören konnte. Wenn Liese durchs Haus lief, zappelte sie so herum, daß sie über jedes Stuhlbein fiel. Wenn Liese mit Oskar Karten spielte, zappelte sie so herum, daß sie alle Karten durcheinanderbrachte und verlor. Wenn Liese malen wollte, zappelte sie so herum, daß alle Striche schief und wacklig wurden. Wenn Liese Eis aß, zappelte sie so herum, daß sie sich immer vollkleckerte. Wenn Liese schlafen sollte, zappelte sie so herum, daß das ganze Bett wackelte. Liese zappelte beim Essen und Trinken, beim Spielen und Laufen, beim Essen und Schlafen.

Es war schrecklich! Alle schimpften immer bloß: „Du ewige Zappel-Liese! Kannst du denn nicht eine Minute ruhig sitzen?" Liese konnte nichts richtig ma-

chen. Und alle schimpften andauernd. Und Liese wurde dann immer noch viel zappeliger. Sie wußte auch nicht, wie sie es anders machen sollte.

Einmal fand Liese im Garten ein kleines Schneckenhaus. Das hatte ein schönes Muster und deshalb steckte sie es in ihre Hosentasche.

Beim Mittagessen war es wieder fürchterlich. Liese zappelte so sehr herum, daß die Tomatensoße übers ganze Tischtuch spritzte. Ihre Eltern waren sauer und schickten sie in ihr Zimmer.

„He, Liese, ich kann dir helfen!" sagte da eine Stimme. Die kam aus der Hosentasche: „He, Liese, ich kann dir helfen!" Liese langte in ihre Hosentasche.

Da war das kleine Schneckenhaus. Aber es war komplett leer. Und trotzdem kam diese Stimme heraus: „He, Liese, ich kann dir helfen, damit du nicht immer so zappelst!" Jetzt hörte Liese genau hin. „Du mußt bloß an mich denken, wenn du am Zappeln bist! Dann geht alles v-i-e-l l-a-n-g-s-a-m-e-r!" Das sagte die Stimme, und sie sagte es ganz, ganz langsam. „Aber so langsam wie eine Schnecke will ich gar nicht sein!" rief Liese. „Mußt du ja nicht, nur ein bißchen langsamer, dann geht nämlich alles besser", antwortete die Stimme ganz langsam. „Naja", sagte Liese, „ich kann's ja mal probieren."

Manchmal faßte Liese jetzt in ihre Hosentasche. Da spürte sie das kleine Schneckenhaus, und das fühlte sich schön glatt und rund an. Sie hielt es in der Hand und streichelte es manchmal mit dem Finger.

Liese war dann immer einen Moment ganz ruhig, und hinterher zappelte sie auch nicht mehr so wild herum wie früher.

Das merkten alle, und alle wunderten sich. Liese wurde längst nicht mehr so oft geschimpft wie früher. Jetzt wurde sie oft sogar gelobt! Und keiner sagte mehr „Zappel-Liese" zu ihr.

Meinst du, sie hat ihr Geheimnis verraten? Ich glaube nicht!

Gabriele Roß

Ruhe tut gut

Entspannende Übungen für unruhige Kinder

So wie wir Erwachsenen immer wieder mal abschalten und uns entspannen müssen, so brauchen auch Kinder Zeiten der Erholung. Gerade dem „Zappelphilipp" muß man helfen, zur Ruhe zu kommen. Entspannende Spiele und Übungen leisten eine ganze Menge: Sie können ein ruhiger Punkt im Alltagstrubel sein, sie stellen das äußere und innere Gleichgewicht wieder her, sie machen uns und die Kinder selbst-bewußter, sie machen nach Streß wieder wach und aufmerksam und sie führen zur Sammlung – und das heißt schließlich: Konzentration.

Probieren Sie gemeinsam kleine Entspannungsübungen aus! Und achten Sie darauf, was Ihrem Kind gut tut und besonders gefällt! Das sind nämlich auch Konzentrationshilfen für den späteren Schulalltag, für die Hausaufgaben und fürs Lernen.

Ein Tip am Rande: Wenn Ihnen Entspannungsübungen fremd sind, sollten Sie zuvor vielleicht selbst Erfahrungen damit sammeln. Volkshochschulen und Vereine bieten alle möglichen Kurse an, vom Autogenen Training bis zur Entspannungsgymnastik. Sie werden sehen, daß Sie sich selbst etwas Gutes damit tun. Eltern haben schießlich mindestens so viel Streß wie Schulkinder. Und eine positive Erfahrung läßt sich leichter vermitteln.

Katzenpfötchen

Eine Massage mit den Fingerkuppen: Die „Katzenpfötchen" wandern mal weich, mal klopfend übers ganze Gesicht und über den Hals – vor allem der Stirnbereich und die Augenpartie sind wichtig. Wenn es Ihrem Kind gefällt, kann so der ganze Körper durchwandert werden. Oder Sie laufen nur ganz leicht mit den Fingern an einer Körperstelle entlang, und Ihr Kind soll raten, wo die Katze gerade schleicht. Die Gesichtsmassage kann Ihr Kind auch ganz alleine machen – zum Beispiel, wenn es sich bei den Hausaufgaben müde fühlt.

Fußwärmer

Der linke Fuß wird gründlich und ausgiebig gedrückt, geknetet, gerubbelt, geklopft und von den Zehen bis zur Ferse massiert. Wenn Ihr Kind dann beide Füße auf den Boden stellt, merkt es gleich den Unterschied. Der rechte Fuß muß natürlich genauso behandelt werden. Diese Übung ist nicht nur gut für kalte Füße, sondern erhöht auch die Standfestigkeit und sorgt für besseres Gleichgewicht.

Schnelle Muntermacher

Übungen, bei denen die Muskeln gespannt und wieder entspannt werden, sind auch für Kinder kleine, schnelle Muntermacher. Das sind Beispiele: Augen, Lippen und das ganze Gesicht fest zusammenkneifen, dann loslassen; den Kopf ein paar Sekunden gegen die Hand nach vorne, nach hinten und nach den Seiten drücken; die Handflächen vor der Brust wie in Gebetshaltung fest zusammendrücken und wieder loslassen; die Fäuste ballen wie im Zorn; im Sitzen die Knie anziehen und gegen den Widerstand der Hände nach außen drücken. Aber Achtung: beim Anspannen darf man das Atmen nicht vergessen!

Noch eine Minutenübung, die im Nu fit macht: mit den Augen rollen und mit der Nase schnuppern, als ob man einem ganz besonderen Duft auf der Spur ist.

Entspannung mit Musik

Ruhige Musik – klassische Stücke, Gitarren- oder Meditationsmusik – hilft beim Entspannen und Träumen. Ihr Kind soll sich einfach mit Ihnen auf eine weiche Decke legen, die Augen schließen und lauschen. Auch Kinder, die dabei anfangs noch zappeln oder kichern, finden mit Musik meistens bald zur Ruhe.

Licht-Meditation

Zünden Sie, wenn es schon dunkelt, eine Kerze an, setzen Sie sich mit Ihrem Kind davor und schauen Sie eine Weile in die flackernde Flamme! Jeder kann erzählen, was er sieht oder was ihm einfällt. Dann schließen Sie beide die Augen und stellen sich das Licht vor. Vereinbaren Sie ein Zeichen mit Ihrem Kind: Es soll zum Beispiel die Augen erst wieder öffnen, wenn Sie es sachte anblasen. Die Zeitspanne sollte aber anfangs kurz sein. Wenn Ihr Kind will, kann es hinterher erzählen, was es sich alles vorgestellt hat.

Phantasiereisen

Erzählen Sie Ihrem Kind zu leiser Musik: etwas, das Sie zusammen erlebt haben, eine selbsterfundene Geschichte, ein Märchen oder einen Traum. Oder Sie laden Ihr Kind zu einer Phantasiereise ein. Das sind Themen, die alle Kinder mögen: Wir fahren mit einem Schiff zu einer Insel und gehen dort auf Entdeckungstour – Mit dem fliegenden Teppich in den Orient – Ein Riesenvogel nimmt uns mit – Eine Zugfahrt in die Berge – Eine Fee zaubert uns in ihr Schloß und und und… Sie können wirklich Ihrer Phantasie freien Lauf lassen.

Autogenes Training

Beim Autogenen Training geht es darum, über bildhafte Vorstellungen von Schwere, Wärme und Ruhe den Körper zu entspannen. Diese Entspannungstechnik ist auch für Kinder geeignet, denn mithilfe von Bildern und Phantasiegeschichten kann man die Übungen kindgemäß gestalten. Mancherorts gibt es Kurse für Kinder. Erkundigen Sie sich bei Ihrem Arzt oder beim Gesundheitsamt!

Bei einer Sache bleiben!

Auf Konzentration und Ausdauer kommt es an

Ein kluger Kopf allein genügt nicht. Fürs Lernen ist ein ganzes Bündel an Voraussetzungen nötig. Konzentration und Ausdauer gehören zu diesen wichtigen Grundlagen. Sie sind sozusagen der Schlüssel zum Lernen und bestimmen den Schulerfolg ganz wesentlich.

Dabei ist es gar nicht so einfach, die Konzentrationsfähigkeit zu beurteilen. Denken Sie an sich selbst: Sie können vielleicht eine Stunde lang konzentriert einen Fernsehbericht verfolgen, und beim Schreiben eines Briefes geht Ihnen alle paar Minuten der Faden verloren. Morgens können Sie vielleicht höchst konzentriert und ausdauernd die Zeitung lesen, abends fallen Ihnen nach ein paar Zeilen schon die Augen zu. Konzentration hängt von vielen Bedingungen ab: vom Interesse und vom Anreiz, von der körperlichen und seelischen Verfassung, von der momentanen Aufnahmefähigkeit.

Konzentration ist auch nicht einfach eine einzelne Leistung des Gehirns. Sie hängt immer zusammen mit den Sinnessystemen und läuft ab über das Hören und Sehen, Tasten und Bewegen. Man braucht die Sinne, um die Aufmerksamkeit auf eine Sache richten zu können. Spiele und Übungen mit allen Sinnen sind deshalb die beste Konzentrationsförderung.

Kinder im Alter von etwa sechs Jahren können in der Regel 15, höchstens aber 20 Minuten bei einer Sache bleiben. Danach ist eine Pause mit Bewegung oder Entspannung nötig. Gute Erstklaßlehrer bauen deshalb viele solche Erholungsphasen in den Unterricht ein.

Denken Sie an diese Bedingungen für Konzentration, wenn Sie mit Ihrem Kind spielen, üben oder lernen wollen. Versuchen Sie, das Interesse zu wecken! Ermutigen Sie Ihr Kind immer wieder! Verlangen Sie nicht zu lang zu viel! Und lassen Sie Ihr Kind möglichst oft selbst entscheiden, was es tun will! Interesse, Spaß, Wissendurst und Neugier nämlich sind die beste Garantie für Konzentration und Ausdauer.

Weniger ist mehr

Die Fähigkeit zu Konzentration und Ausdauer kann man unterstützen, wenn man zuhause für den richtigen Rahmen sorgt. Eine Überfülle an Spielzeug etwa macht es dem Kind schwer, bei einer Sache zu bleiben. „Reizüberflutung" nennen das die Fachleute. Lassen Sie lieber gelegentlich einiges auf dem Dachboden verschwinden und holen Sie es später wieder hervor. So kann man Spielzeug nach und nach austauschen, und so wird es auch wieder interessant.

Ein gutes Mittel zum Training der Ausdauer sind Gesellschafts- und Regelspiele – ob „Mensch ärgere dich nicht" oder Lotto- und Memoryspiele. Achten Sie darauf, daß jedes Spiel auch wirklich zu Ende gespielt wird! Lieber ein kleines kurzes Spiel aussuchen als ein endlos langes, bei dem jeder nach einer Weile die Lust verliert! Ein Mini-Memory zum Beispiel, bei dem nur fünf bis zehn Paare ausgewählt werden, ist schneller zu Ende, dafür kann Ihr Kind aber die ganze Zeit bei der Sache sein. Das gilt auch später für die Hausaufgaben und für alle Lernaufgaben: Zehn Minuten konzentriertes Üben bringt mehr als eine Stunde gequältes Pauken.

Spielend Konzentration üben

Alle Spiele, die mit Freude, Spaß und Aufmerksamkeit gespielt werden, bauen Konzentration und Ausdauer auf. Solche gemeinsamen Aktionen sind nützlicher als Übungshefte oder papierene Trainingsprogamme.

Die folgenden Spiele sprechen immer die Sinne an. Spielend kann man beim Tasten, Sehen, Hören und Bewegen die Konzentration üben. Dafür gibt es unzählige Möglichkeiten. Die Auswahl soll Sie zu vielen weiteren Ideen anregen.

Spiele für die Hände

Tastsack

Verstecken Sie in einem Sack oder in einem alten Kopfkissenbezug lauter kleine Dinge! Ihr Kind soll durch Tasten herausfinden, was es ist. Wenn immer zwei gleiche Dinge versteckt sind, kann man ein Tast-Memory daraus machen.

Hände suchen

Dafür braucht man mehrere Mitspieler. Alle strecken ihre Hände möglichst durcheinander einem Kind entgegen, das die Augen verbunden hat. Es muß durch Tasten die zusammengehörenden Hand-Paare herausfinden.

Blindes Zählen

Verbinden Sie Ihrem Kind die Augen und geben Sie ihm fünf bis acht Nüsse, Knöpfe oder Perlen in die Hand! Es soll „blind" zählen, wieviele es sind.

Tastbild

Kleben Sie gemeinsam unterschiedliche Materialstücke auf einen großen Karton: Wolle, Papier, glatten und rauhen Stoff, Alufolie, Gummi, Sandpapier, Holz… Ihr Kind soll dann mit verbundenen Augen ein Ziel suchen, indem die Hände über das Tastbild wandern.

Perlenkette mit Muster

Ihr Kind soll mit verbundenen Augen Holzperlen zu einer Kette auffädeln. Dabei geben Sie aber zuerst ein Muster vor, das genauso weitergeführt werden soll – zum Beispiel immer eine große, dann zwei kleine Perlen oder immer eine große runde, dann eine kleine runde, dann eine eckige Perle.

Spiele für die Augen

Merkspiele

Sie legen fünf, sechs oder mehr Gegenstände auf den Tisch, die Mitspieler sollen sich die Dinge einprägen. Dann wird alles mit einem Tuch verdeckt. Wer weiß noch alle Dinge? Eine andere Möglichkeit: Sie entfernen einen Gegenstand, während sich Ihr Kind umdreht. Welcher war es?

Irrgarten

Man legt einige Wollfäden oder Bleischnüre von Gardinen mit Windungen, Schleifen und Überkreuzungen durcheinander aus. Jetzt soll Ihr Kind nur mit den Augen versuchen, den Weg einer Schnur vom Anfangs- bis zum richtigen Endpunkt zu verfolgen. Mit dem Finger kontrolliert man dann, ob´s stimmt. Je mehr Schnüre oder Fäden den Irrgarten bilden, desto schwieriger wird die Sache.

Sortieren

Beim Sortieren von ähnlichen Dingen ist höchste Konzentration verlangt. Das alles und noch viel mehr eignet sich zum Ordnen: Geschirr, Bausteine, Knöpfe, Perlen, Gummiringe, Stifte, Bierdeckel, Büroklammern, Sicherheitsnadeln und Reißnägel, Murmeln, Erbsen und Bohnen, Kastanien und Eicheln, Blätter, Steine…

Luftmalerei

Sie malen mit dem Finger möglichst groß und langsam eine einfache Form in die Luft. Ihr Kind soll erraten, was es ist, und die Figur nachmachen.

Hölzchen fangen

Ein kleiner Stab oder ein Zündholz wird mit Daumen und Zeigefinger festgehalten. Jetzt läßt man das Hölzchen los und versucht, es mit Daumen und Zeigefinger der anderen Hand aufzufangen. Probieren Sie es selbst aus, bevor Sie Ihrem Kind die Aufgabe stellen! Bei diesem Geschicklichkeitsspiel kommt es nicht nur auf die Konzentration des Auges, sondern auch auf schnelle Reaktion an.

Spiele für die Ohren

Geräuscheraten

Machen Sie ein Geräusch wie klatschen, klopfen oder stampfen, während sich Ihr Kind umdreht. Es soll hören, was es war. So muß man sich noch mehr konzentrieren: Sie produzieren drei Geräusche hintereinander, und Ihr Kind soll diese Folge nachmachen.

Trommelstunde

Sie sind der Trommel-Lehrer und schlagen mit dem Kochlöffel auf einem Kochtopf drei bis fünf Schläge oder auch einen kleinen Rhythmus, etwa laut – leise – leise wie im Walzertakt. Ihr Kind soll es wiederholen. Das wird schwieriger, wenn es nicht hinschauen darf.

Blindenführung

Ihr Kind hat die Augen verbunden und Sie führen es nur durch das Geräusch einer Rassel oder einer Klapperdose durch die Wohnung. Eine Stufe schwieriger: Sie lassen währenddessen das Radio laufen. So muß das Kind sich ganz auf das Klappern konzentrieren und das Nebengeräusch ausschalten. Am Ende des Weges sollte eine kleine Belohnung auf den „Blinden" warten.

Flüsterspiel

Legen Sie eine Reihe von Bildkärtchen vom Memory- oder Lottospiel auf den Tisch! Nun verdecken Sie Ihr Gesicht und flüstern ein Wort. Ihr Kind soll das entsprechende Bild suchen. Dann werden die Rollen vertauscht.

Blindball

Hier sind die Ohren und der ganze Körper gefordert. Mit verbundenen Augen soll nämlich ein Ball auf den Boden geprellt und dann aufgefangen werden. Das muß man vorher allerdings lange genug mit offenen Augen üben.

Schlafender Hund

Ihr Kind liegt als schlafender Hund unter dem Tisch. Sie verursachen in der Küche verschiedene Geräusche. Der „Hund" wacht erst auf, wenn er hört, daß die Kühlschranktüre geöffnet wird. Dann bekommt er natürlich auch Futter.

Spiele für den ganzen Körper

Stock in der Luft

Ein Stab soll senkrecht auf der Handfläche balanciert werden. Damit das gelingt, muß man geschickt sein und mit dem ganzen Körper die Bewegungen des Stabes ausgleichen.

Balancieren

Bei allen Balanceübungen ist höchste Konzentration nötig, denn man muß das Gleichgewicht halten. Das alles eignet sich für Balancierkunststücke: Seile, Stäbe, Baumstämme, der Bordstein oder Leitern, Balken und Bretter, die über zwei Getränkekisten gelegt werden.

Kartoffelhände

Zwei Kinder legen sich eine Kartoffel zwischen ihre Handflächen und sollen diese bis zu einem Korb transportieren. Jeder muß sich dabei auf ganz genaue und vorsichtige Bewegungen seines Körpers konzentrieren, damit die Kartoffel nicht herunterfällt.

Das ist noch um einiges schwieriger: Zwei Partner halten ein Zündhölzchen waagrecht zwischen ihren Zeigefingern und gehen auf diese Weise zu einem Ziel.

Blind bewegen

Ein Spielpartner hat die Augen verbunden und spielt den Blinden. Der andere gibt Anweisungen, zum Beispiel „Setz dich auf den Stuhl! Stell dich hinter den Stuhl! Schließe die Tür! Geh fünf Stufen die Treppe hinauf! Stell dich auf die Zehenspitzen! Steh auf einem Bein! Mach einen Purzelbaum!…"

Man kann auch einen „Blinden" nur durch Anweisungen über Hindernisse zu einem Ziel führen, etwa: „Geh zwei Schritte geradeaus, einen Schritt nach links, hebe die Füße hoch und steige über etwas darüber, mach dich ganz klein und krabble, bis ich ´Halt´ sage…"

Zum Beobachten

☐ Bleibt Ihr Kind über längere Zeit bei einem Spiel oder fängt es laufend etwas Neues an?

☐ Braucht es sehr lange bei der Morgentoilette oder beim Anziehen, weil es immer wieder andere Dinge tut?

☐ Läßt es sich durch Geräusche oder Unruhe in der Umgebung sofort vom Spiel ablenken?

☐ Verliert es oft nach kurzer Zeit die Lust an einem Spiel?

☐ Ermüdet es schnell? Klagt es häufig über Langeweile oder Lustlosigkeit?

☐ Läßt Ihr Kind sich auch auf neue und schwierigere Aufgaben ein – zum Beispiel ein Puzzle mit mehr Teilen als gewohnt, ein Spiel mit einem höheren Schwierigkeitsgrad? Oder traut es sich nicht an Neues heran?

☐ Gibt es nach einem Mißerfolg sofort auf oder knobelt es so lange, bis die Lösung gefunden ist?

Wie man für bessere Konzentration sorgen kann

☐ Achten Sie auf einen geregelten Tagesablauf und auf einen festen Rhythmus! Unruhige Kinder brauchen mehr als andere einen klaren äußeren Rahmen und gleichbleibende Abläufe, so zum Beispiel feste Plätze am Tisch, ein Gebet oder ein Spruch vor dem Essen, eine Geschichte oder ein Lied vor dem Zu-Bett-Gehen.

☐ Vermeiden Sie ein Überangebot an Spielmaterial und Dauerberieselung durch Radio und Fernseher!

☐ Sorgen Sie dafür, daß Ihr Kind an seinem Arbeitsplatz nicht gestört oder durch eine zu reizvolle Umgebung abgelenkt wird!

☐ Setzen Sie klare Grenzen und Regeln und achten Sie darauf, daß sie eingehalten werden!

☐ Verlangen Sie nichts Unmögliches! Kein Kind kann eine Stunde oder länger

voll bei der Sache sein. Denken Sie daran, daß sich Sechs- und Siebenjährige höchstens 20 Minuten konzentrieren können!

☐ Achten Sie auf den Bewegungsdrang Ihres Kindes! Zwischen längeren Spiel- oder Arbeitsphasen muß es sich bewegen können.

☐ Bauen Sie bei längeren Arbeiten und Aufgaben kleine Entspannungspausen ein!

☐ Setzen Sie kleine und klare Ziele! Oft hilft es, eine Aufgabe in einzelne Schritte aufzuteilen.

☐ Schaffen Sie Anreize für Ihr Kind, indem Sie zum Beispiel neue Spiele und Übungen ausprobieren und es spannend machen!

☐ Ermutigen Sie Ihr Kind! Lob, Anerkennung, Zuwendung und kleine Belohnungen helfen viel mehr als Tadel.

☐ Wenn etwas überhaupt nicht klappt: Sprechen Sie mit Ihrem Kind und versuchen Sie, sein seelisches Befinden zu ergründen!

☐ Achten Sie auf eine gesunde Ernährung Ihres Kindes!

Wer hat sich's gemerkt?

Wissenswertes über das Gedächtnis und das Lernen

In der Schule muß ein Kind auf einmal sehr viel Neues aufnehmen, vor allem aber auch behalten. Lernen ist ohne Gedächtnisleistung nicht möglich. Wer sich nicht merken kann, wie die Buchstaben aussehen, kann nicht lesen und schreiben lernen. Wer eine Regel nicht behält, kann sie auch nicht anwenden.

Das Gedächtnis ist ein höchst komplizierter Vorgang im Menschen. Forscher haben inzwischen vieles darüber herausgefunden. So zum Beispiel, daß das Gedächtnis sozusagen ein erstes und ein zweites Sieb hat. Das „Ultrakurzzeitgedächtnis" ist der erste Filter. Was hier innerhalb von etwa 20 Sekunden aufgenommen wird, geht ins Kurzzeitgedächtnis über. Und erst was nach diesem zweiten Sieb dann noch übrig bleibt, ist im Langzeitgedächtnis für immer gespeichert.

Durch die Untersuchungen des Gedächtnisses weiß man vor allem mehr übers Lernen. Eine ganz wichtige Erkenntnis: Nicht jeder lernt auf die gleiche Art. Der eine merkt sich Neues, wenn er es nur gesehen hat, der andere braucht eher das Hören und darüber Sprechen, ein dritter muß mit etwas umgehen und hantieren, der eine lernt besser, wenn er sich bewegt, der andere benötigt absolute Ruhe… Ein kluger Lehrer geht auf diese verschiedenen Lerntypen ein. Dann lernen Erstkläßler beim Thema Apfel nicht nur das Wort Gehäuse oder bekommen eine Zeichnung dazu geliefert, sondern jeder darf auch einen Apfel aufschneiden und das

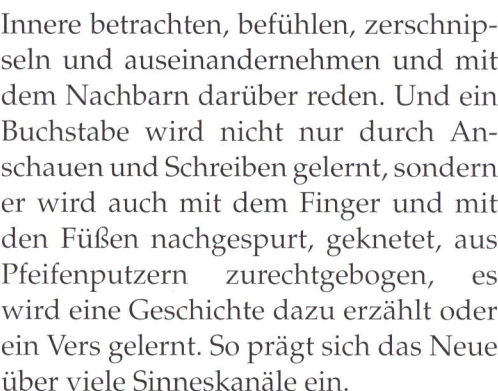

Innere betrachten, befühlen, zerschnipseln und auseinandernehmen und mit dem Nachbarn darüber reden. Und ein Buchstabe wird nicht nur durch Anschauen und Schreiben gelernt, sondern er wird auch mit dem Finger und mit den Füßen nachgespurt, geknetet, aus Pfeifenputzern zurechtgebogen, es wird eine Geschichte dazu erzählt oder ein Vers gelernt. So prägt sich das Neue über viele Sinneskanäle ein.

Noch ein Ergebnis aus der Gedächtnisforschung: Wie gut man sich etwas merken kann, das hängt nicht nur von der Sache an sich, sondern auch vom „Drumherum" ab. Die Umgebung, Farben oder Gegenstände, ein bekannter Raum, ein Geruch oder Geräusche – an all diesem kann sich das Gedächtnis zusätzlich „festhalten". Vielleicht erinnern Sie sich selbst an solche Situationen: Ein Name, den Sie am Telefon gehört haben, will Ihnen absolut nicht mehr einfallen. Wenn sie aber zurückgehen an die Stelle, wo Sie telefoniert haben, erinnern Sie sich prompt.

Angenehme und vertraute Begleitumstände erleichtern das Lernen und Behalten. Streß dagegen hemmt das Denken und Erinnern. Da wirken nämlich Streßhormone, und die blockieren das Kramen und Suchen im Gehirn. Jeder kennt vermutlich selbst Situationen, in denen er aus Angst oder Streß völlig „kopflos" reagiert hat. Wenn Eltern und Lehrer also schimpfen, drohen, Angst machen und dadurch Kinder zum Lernen zwingen wollen, erreichen sie meistens das Gegenteil: Jetzt sitzt das Kind erst tatsächlich auf der Leitung.

Angst macht dumm, sagen die Fachleute. Denken Sie daran, wenn Sie mit Ihrem Kind üben und lernen!

Umso effektvoller ist das Lernen in angenehmer Atmosphäre, mit Spiel, Spaß und Spannung. Neugier ist der Antrieb des Lernens überhaupt. Stark vereinfacht kann man sich den Ablauf so vorstellen: Neugier schafft Aufmerksamkeit, dadurch ist Konzentration möglich, Konzentration wiederum aktiviert das Gedächtnis, so daß eine Information nicht durch die Filter flutscht, sondern wirklich „hängenbleibt".

Die meisten Konzentrationsspiele fördern gleichzeitig das Gedächtnis. Hier sind noch einige Beispiele, wie spielend die Merkfähigkeit trainiert werden kann.

Telefonnummern

Ein Schulkind sollte aus praktischen Gründen die Telefonnummer von zuhause wissen. Das ist eine gute Gelegenheit, das Zahlengedächtnis zu üben. Man kann auch ein kleines Spiel daraus machen: Einer denkt sich eine Nummer aus, der andere soll sie möglichst fehlerfrei wiederholen. Wer schafft es, sich auch eine fünf- oder sechsstellige Nummer zu merken?

Hürdenlauf

Sie legen mit Ihrem Kind eine Strecke mit Hindernissen fest: etwa im Garten von einem Startpunkt aus drei Schritte gehen, dann über einen Ball steigen, wieder drei Schritte gehen, unter einem Gartenstuhl durchkriechen, dann zwei Schritte nach rechts bis zum Ziel, wo die Gießkanne steht oder ein Baum oder eine Belohnung. Ihr Kind geht den Weg mehrmals ab und soll den Hürdenlauf dann mit verbundenen Augen bewältigen.

Der Gedächtnisweg

Sie brauchen zwei Säckchen, in denen die gleichen Dinge versteckt sind. Eines davon wird möglichst weit entfernt abgelegt – in einem anderen Zimmer oder Stockwerk, vor der Haustüre, auf dem Balkon oder im Garten. Ihr Kind sucht aus dem ersten Säckchen einen Gegenstand heraus, läßt ihn aber auf dem Beutel liegen. Nun soll es zum zweiten Säckchen gehen und dort durch Tasten den gleichen Gegenstand erkennen und herausholen. Zum Schluß wird kontrolliert, ob´s stimmt.

Ähnliche Aufgaben zum Merken gibt es im Alltag genügend: Zum Beispiel, wenn Sie Ihr Kind bitten, etwas Bestimmtes oder auch mehrere Dinge aus dem Keller oder aus einem anderen Zimmer zu holen. Auch Aufträge zum Einkaufen sind eine gute Gedächtnisübung. Wenn Sie gemeinsam einkaufen und Ihr Kind sich im Supermarkt schon auskennt, können Sie ihm ruhig auftragen, zwei oder drei Dinge zu holen, während Sie anderes besorgen.

Steine spüren

Sammeln Sie mehrere Steine mit unterschiedlichen Formen und legen Sie alle
unter ein Tuch! Ohne hinzuschauen,
soll Ihr Kind unter dem Tuch einen
Stein heraussuchen, ihn ganz genau ab-
tasten und sich die Form einprägen. Sie
zählen langsam bis zehn und lüften das
Tuch. Gelingt es dem Kind, den Stein
wiederzuerkennen?

Kofferpacken

Das altbekannte Spiel zum Verreisen ist
ein gutes Gedächtnistraining. Ein Kind
fängt an: *„Ich packe in meinen Koffer eine
Zahnbürste."* Das nächste muß immer
alle vorher genannten Dinge wiederholen und ein neues Wort dazusagen – solange, bis sich einer die ganze Liste
nicht mehr merken kann.

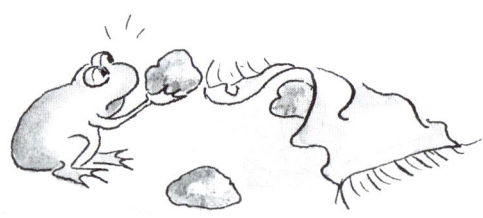

Lieder, Verse, Fingerspiele

Ganz einfach und doch bestes Gedächtnistraining: Lieder, Verse, Auszähl-
reime, Fingerspiele, Handgeschichten.
Durch das häufige Wiederholen prägen
sich Melodien, Rhythmen und Texte allmählich ein. Und die Kinder haben meistens viel Spaß dabei!

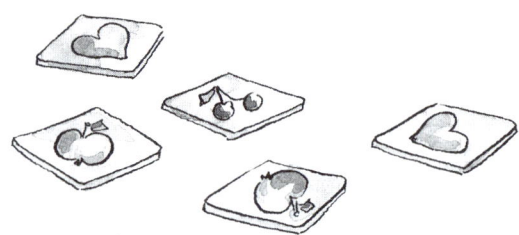

Bilder merken

Sie legen – zum Beispiel aus dem Me-
mory-Spiel – vier Bilder auf den Tisch.
Die soll sich Ihr Kind merken und auf-
zählen, nachdem Sie sie zugedeckt und
bis zehn gezählt haben.

Wie man das Gedächtnis im Alltag trainieren kann

☐ Geben Sie Ihrem Kind häufig Aufträge zum Merken! Es soll etwa drei Dinge, die Sie brauchen, aus dem Keller holen, etwas einkaufen oder jemandem etwas ausrichten.

☐ Nutzen Sie alle Tätigkeiten, für die man bestimmte Dinge braucht, zum Merken! Wenn Sie einen Kuchen backen: Zählen Sie Ihrem Kind die Zutaten auf! Es soll Ihnen helfen, das Ganze zu merken und herzurichten. Wenn Sie basteln: Überlegen Sie gemeinsam vorher, was man alles braucht und lassen Sie es Ihr Kind wiederholen, bevor es losgeht!

☐ Lassen Sie Ihr Kind oft jemand anderem erzählen, wie eine Arbeit vor sich ging! Wenn Sie etwas gebastelt haben, kann Ihr Kind zum Beispiel hinterher die einzelnen Arbeitsschritte erklären.

☐ Gehen Sie vor dem Zu-Bett-Gehen den ganzen Tag mit Ihrem Kind nochmal durch! Erinnern Sie sich gemeinsam an alles, was passiert ist!

☐ Wenn Sie ein Fest feiern: Zählen Sie hinterher mit Ihrem Kind nochmal auf, wer alles da war! Oder: Ihr Kind soll aus dem Gedächtnis sagen, was es alles zum Essen gab oder welche Geschenke es bekommen hat.

☐ Singen Sie Lieder mit Ihrem Kind oder lernen Sie kleine Verse, die es vielleicht Oma und Opa aufsagen kann!

☐ Ein Tip zum Auswendiglernen: Sprechen Sie einen Vers oft mit Ihrem Kind, aber denken Sie sich dabei lustige Variationen aus! Man kann zum Beispiel so leise wie eine Flüstertüte sprechen oder so laut wie ein Laster, so langsam wie eine Schnecke oder so schnell wie ein Schnellzug, mit hoher Stimme wie eine Maus oder mit ganz tiefer Stimme wie ein Bär.

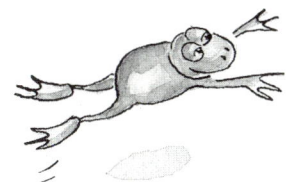

Schweigen ist Silber, Reden ist Gold

Sprache und Sprachverständnis gehören zu den Grundlagen

Eine gute Sprachentwicklung und ein sicheres Sprachverständnis sind in der Schule Gold wert. In einer ganzen Reihe von Untersuchungen wurde nachgewiesen, daß der Schulerfolg nicht so sehr von der Intelligenz eines Kindes, sondern vielmehr von seinen sprachlichen Fähigkeiten abhängt.

Kinder mit Sprachproblemen sind in der Schule von vornherein im Nachteil. Auch wenn man es mittlerweile besser weiß, so läuft der Unterricht nach wie vor in der Hauptsache über Sprache ab: Die Lehrerin oder der Lehrer spricht, gibt Anweisungen, informiert, beschreibt, erklärt, mahnt, erklärt nochmal. Wer an soviel Sprache nicht gewöhnt ist, wer schlecht versteht, viele Wörter gar nicht kennt und oft „auf den Ohren sitzt", gerät im Nu ins Hintertreffen. In der Schule wird erwartet, daß Kinder sich ausdrücken können, daß sie ihre Bedürfnisse anmelden können, daß sie Fragen stellen und kleine Geschichten erzählen können.

Auch beim Lesen- und Schreibenlernen ist Sprache das A und O. Wenn ein Kind die Wörter falsch oder undeutlich spricht, wie soll es dann die Buchstaben herausfinden? Wie soll es richtig schreiben lernen, was es falsch spricht oder hört? Wie soll es beim Lesen den Sinn erfassen, wenn es die Bedeutung der Wörter nicht kennt? Sprachprobleme

bringen schließlich auch Rechenfüchse schnell ins Schleudern. Denn spätestens bei den ersten Textaufgaben ist in Mathematik in erster Linie das sprachliche Verständnis gefragt, dann erst kommt die Rechnung.

Was noch viel wichtiger ist: Sprache ist das Mittel, mit dem wir uns verständigen und mit dem wir die Welt und das Wissen in Besitz nehmen können. „Sprachliche Kompetenz" sagen die Fachleute zu dieser Fähigkeit, die für den Umgang miteinander und für das Lernen und klare Denken von unschätzbarem Wert ist.

Ein Kind muß viele Erfahrungen mit der Sprache sammeln. *„Ein Kind ist wie ein Schwamm, der Sprache aufsaugt"*, sagt ein amerikanischer Sprachwissenschaftler. Es braucht deshalb zuhause in der Familie ein großes und gutes sprachliches Angebot.

Eltern sollten ein Ohr für die Sprache ihres Kindes haben. Wenn Sprachstörungen nämlich frühzeitig erkannt und behandelt werden, sind die Erfolgsaussichten gut. Ein Anhaltspunkt: Mit etwa vier Jahren sollten Kinder keine großen Fehler mehr machen und so deutlich sprechen, daß sie auch von Fremden gut verstanden werden. Der Kinderarzt oder sprachtherapeutische Beratungsstellen helfen Ihnen weiter, wenn Sie Rat suchen. Auf jeden Fall gilt: Wenn Sprachfehler möglichst vor der Einschulung behoben werden, so verbessert das die Startposition des Kindes und erspart viele Mühen hinterher.

Sprachprobleme haben ihre Ursache manchmal in leichten Hörstörungen. Eltern sollten deshalb hellhörig werden, wenn ihr Kind sich häufig nicht angesprochen fühlt, auf Fragen nicht reagiert, wenn es sehr oft Ohrenschmerzen oder Erkältungskrankheiten hat, wenn es sehr laut spricht oder den Kopf beim Zuhören dreht. Ein Besuch beim HNO-Arzt kann klären, ob eventuell das Hörvermögen nicht ganz intakt ist.

Das Sprachvorbild

Kinder sind meistens das Echo von Vater, Mutter, Geschwistern. Schließlich lernen sie von und mit der Familie sprechen. Denken Sie daran: Ihr Sprachvorbild prägt Ihr Kind! Dazu gehört nicht nur, daß man die Sprache pflegt, sondern vor allem auch das Gespräch. Familien, in denen nichts der Rede wert ist, können beim Kind keine Freude am Sprechen wecken. Eine gute Sprachförderung im Alltag ist für Ihr Kind zugleich die beste Vorbereitung auf die Schule.

SPRACHSPIELEREIEN FINDEN SIE AUF DEN NÄCHSTEN SEITEN

Zum Beobachten

☐ Spricht und erzählt Ihr Kind gerne?

☐ Kann es auch längere Geschichten folgerichtig erzählen?

☐ Spricht es verständlich und deutlich? Oder neigt es zu verwaschener, undeutlicher Aussprache, läßt Silben oder Buchstaben aus?

☐ Faßt es neue oder schwierige Wörter wie zum Beispiel „Postkutsche", „Aluminium" oder „Kaulquappe" nur ungenau auf?

☐ Verwechselt es ähnliche Wörter wie „Nagel" und „Nadel"?

☐ Bildet es die Sätze richtig? Oder läßt es häufig noch Wörter im Satz aus oder gebraucht falsche Formen?

☐ Hat Ihr Kind einen sicheren Wortschatz? Kann es auch ähnliche Begriffe – wie zum Beispiel „Faden", „Schnur", „Seil" – unterscheiden?

☐ Kann es gut zuhören? Oder schaltet es ab, wenn andere Geräusche oder Stimmen da sind?

☐ Führt Ihr Kind Aufträge oft falsch aus, vergißt es eine Aufgabe oder frägt es häufig nach?

☐ Kann es sich auch mehrere Aufträge merken?

☐ Kann Ihr Kind auch über Konflikte, Probleme oder Streitereien sprechen?

☐ Kann es ausdrücken, was es will?

Sprachspielereien

Im Alter von fünf bis sechs Jahren entwickeln Kinder eine besondere Vorliebe für Sprachspielereien: Kauderwelsch, Reime, Quatschwörter, Zaubersprüche, Auszählverse, Zungenbrecher, Neckfragen. Das ist eine enorm wichtige Stufe der Sprachentwicklung, denn hier entdecken Kinder die Sprache als Spielzeug und Werkzeug und als etwas, das man verändern und gestalten kann. Sie bekommen Sprachgefühl und Lust an Sprache.

Sicherlich erinnern Sie sich selbst noch an solche Sprachspielereien aus Ihrer Kindheit wie etwa „Ich und du, Müllers Kuh, Müllers Esel, der bist du!". Einige neue Beispiele zum Thema Schule gibt es auf den folgenden Seiten.

Dingsda

Rätsel fördern das sprachliche Ausdrucksvermögen und sind bei Kindern immer beliebt. *„Ich sehe was, was du nicht siehst…"* oder das fernseh-bekannte Dingsda-Spiel kann man bei jeder Gelegenheit spielen. Statt des Ratewortes muß dabei immer „Dingsda" eingesetzt werden. Zum Beispiel: „Das Dingsda hat einen Schwanz und ein gestreiftes Fell."

Quatsch mit Soße

Kinder lieben Unsinn! Und bei diesem Unsinnspiel lernen sie noch dazu. Denken Sie sich richtige und falsche Sätze aus: *„Mit einem Fahrrad kann man fliegen"* oder *„Zwei Enten haben drei Beine"*. Ihr Kind soll jeweils entscheiden, ob es stimmt oder ob es „Quatsch mit Soße" ist.

Das ja-nein-Spiel

Sehr anregend fürs logische Denken ist das ja-nein-Ratespiel. Der Rater darf dabei nur Fragen stellen, die mit ja oder nein beantwortet werden können. So kann man den gesuchten Begriff allmählich einkreisen. Und man merkt dabei, daß es ganz schön schwierig ist, die richtigen Fragen zu stellen.

Das Ende vom Satz

Auch bei diesem Spiel muß Ihr Kind gut zuhören und mitdenken. Lassen Sie sich lauter Sätze einfallen, bei denen Ihr Kind das letzte Wort ergänzen soll. Das sind einige Beispiele: *Tomaten sind rund und…; Wer schlecht sieht, braucht eine…; Der Storch hat einen langen roten…; Jedes Haus hat eine…; Der Lehrer schreibt in der Schule auf die…*

Das Ende vom Lied

Auch hier geht es um den Schluß. Sagen oder singen Sie einzelne Zeilen von bekannten Kinderliedern oder -versen vor, aber lassen Sie das letzte Wort aus! Ihr Kind soll das Ende vom Lied finden. Wiederum ein paar Beispiele: *Summ, summ, summ, Bienchen summ…; Hänschen klein, ging…; Hopp, hopp, hopp, Pferdchen lauf…; A, B, C, die Katze läuft im…*

Wie man im Alltag die Sprache fördern kann

☐ Fragen Sie Ihr Kind nach seinen täglichen Erlebnissen, nach seinen Wünschen, Sorgen, Ängsten!

☐ Erzählen Sie von sich selbst, von Ihren Erlebnissen, Ihren Gedanken, von Ihrem Alltag!

☐ Beantworten Sie die Fragen Ihres Kindes! Regen Sie es an, nachzufragen, wenn es etwas wissen will oder wenn es etwas nicht verstanden hat!

☐ Achten Sie auf gemeinsame Mahlzeiten, bei denen sich die ganze Familie unterhält und jeder zu Wort kommen kann!

☐ Schalten Sie bei längeren Fahrten das Autoradio aus! Unterhalten Sie sich stattdessen miteinander oder lassen Sie sich mit Ihrem Kind kleine Spiele einfallen!

☐ Führen Sie Selbstgespräche! Denken und überlegen Sie laut, wenn Sie etwa Dinge im Haushalt erledigen, den Tisch decken oder den Einkaufszettel schreiben! So bekommt Ihr Kind Sprache angeboten und lernt zugleich, wie das Sprechen beim Überlegen hilft.

☐ Sprechen Sie über das, was Sie tun – beim Kochen und Kuchenbacken, beim Aufräumen oder beim Basteln mit Ihrem Kind!

☐ Achten Sie darauf, wie Sie mit Ihrem Kind sprechen! Belehren Sie es meistens von oben herab oder führen Sie mit ihm wirkliche Zwiegespräche?

☐ Lassen Sie Ihr Kind ans Telefon gehen! Erklären Sie ihm, wie man sich meldet, wie man höflich spricht und nach den Wünschen fragt!

☐ Pflegen Sie das Gespräch mit Ihrem Ehepartner! Wenn Sie sich unterhalten, wenn Sie über Tagesereignisse sprechen oder auch wenn Sie über Politik diskutieren, soll Ihr Kind ruhig mithören. Es erlebt Sie dann als Vorbild und erfährt, wie man miteinander sprechen kann.

☐ Zeigen Sie Ihrem Kind, daß man über Probleme und Konflikte reden kann! Lassen Sie es mitdiskutieren, wo immer es möglich ist!

☐ Lassen Sie Ihr Kind oft seine Meinung äußern! Was hält es zum Beispiel von einem bestimmten Spiel oder von einer Fernsehsendung? Regen Sie es an, seine Meinung auch zu begründen!

☐ Planen Sie gemeinsam mit Ihrem Kind! Lassen Sie es mitreden und mitentscheiden, wenn es um den Speiseplan geht, um ein Familienfest, um die Zimmereinrichtung, einen Ausflug oder um den Urlaub!

☐ Versuchen Sie selbst, die Welt um Sie herum manchmal „wie ein Kind" zu sehen! Achten Sie auf Kleinigkeiten und Momente und machen Sie Ihr Kind darauf aufmerksam – und wenn es nur eine Raupe auf einem Blatt ist oder ein Schattenbild am Boden! Alles kann Anlaß für ein Gespräch sein.

A, B, C, die Schule tut nicht weh

Reime und Sprachspielereien für Schulkinder

A, B, C, die Schule tut nicht weh!
Mama, Papa, Omama,
waren alle auch schon da.
Inder, Eskimos, Chinesen,
lernen in der Schule lesen.
A, B, C, die Schule tut nicht weh!

Es war einmal ein kleines Schwein,
das wollte gern ein Schulkind sein,
drum ging es in ein Schulhaus rein
und fragte höflich, nett und fein:
„Kann ich denn hier ein Schulkind sein?"
Der Lehrer sagte: „Leider nein!
Das ist nicht möglich, liebes Schwein!"
Da ging das Schwein
ganz allein
wieder heim.

Das sind die Namen von
Schulkindern:
Daniel, Michael, Rafael,
Sabine, Christine, Pauline,
Christian, Florian, Sebastian.

Oder vielleicht:
Übermut und Tunichtgut,
Zappelhans und Hampelfranz,
Tutmirleid und Siebengscheit,
Leisetreter, Miesepeter,
Krachgenug und Neunmalklug,
Treppentrampel, Klassenhampel,
Sprichganzleis und Naseweis,
Hüpfgemüse, Kicherliese,
Lachkanone, Knallpatrone,
Quatschposaune, gute Laune!

Auszählverse

Bleistift, Füller, Tintenfleck,
1, 2, 3, und du bist weg!

Die Hexe Bamlamule
die ging mal in die Schule.
Sie hexte alle Kinder weg,
sie hexte alle Lehrer weg,
verhext das ganze Haus,
hex-hex, und du bist raus!

In der Schule saß ein Bär,
dem war das Rechnen viel zu schwer.
Im Zoo, da hat er seine Ruh,
drum sagte er: „Geh lieber du!"

Die Schule macht die Tore auf,
und Oskar kommt im Dauerlauf.
Am Mittag gehn die Tore zu,
husch, husch, hopp, hopp –
und raus bist du!

Handklappvers

Lesen, rechnen – 1, 2, 3!
Schreiben, malen – Strich und Ei!
Turnen, singen – und gelacht!
Bis die ganze Schule kracht!

Zwei Spielpartner stehen sich gegen-
über und klatschen silbenweise mit den
Händen. Das Muster ist für jede Zeile
gleich: mit den rechten Händen gegeneinander klatschen, einzeln klatschen,
mit den linken Händen gegeneinander
klatschen, einzeln klatschen, bei den
letzten drei Silben mit beiden Händen
gegeneinander klatschen.

Ein Bleistift sagt zum Lineal:
„Du bist mir einfach schnurzegal!"
Das Lineal doch rief:
„Dann wird dein Strich halt schief!"

Kasperl, Hexe, Krokodil

Handpuppen- und Rollenspiele regen die Sprache an

Kommunikation heißt das Zauberwort. Es bedeutet nichts anderes, als daß wir uns mitteilen, ausdrücken, verständigen, austauschen, auseinandersetzen können. Das ist eine ganz entscheidende Fähigkeit – nicht nur für die Schule, sondern fürs Leben!

Ein ideales Übungsfeld für Kinder sind Handpuppen- und Rollenspiele. Sie regen die Sprache und die Phantasie an wie kaum ein anderes Medium. Sie geben Kindern die Möglichkeit, Rollen und alle möglichen Mittel der Verständigung auszuprobieren. Und die Puppen und Figuren helfen, sozusagen stellvertretend innere und äußere Konflikte auszutragen oder Ängste und Aggressionen loszuwerden: Der Kasperl hat zum Beispiel Angst vor der Dunkelheit, oder er darf das böse Krokodil ver-

hauen oder den Räuber einsperren. Einfache Spielfiguren kann man gut selber herstellen. Die Kinder lernen bei solch einer Bastelstunde eine Menge, was auch in der Schule wichtig ist: Handgeschick, Umgang mit Schere und Kleber, sauberes Arbeiten, Konzentration auf eine Sache, Ausdauer und vor allem Einfallsreichtum.

Kasperltheater

Wenn Sie Figuren fürs Kasperltheater zuhause haben, dann lassen Sie doch mit Ihrem Kind öfter mal Hexe, Krokodil und Zauberer auftreten! Falls Sie kein aufstellbares Kasperltheater haben, so ist eine kleine Bühne schnell gemacht: einfach aus der Seitenfläche

eines großen Umzugskartons das Bühnenfenster ausschneiden und die gegenüberliegende Seitenfläche entfernen. Wer es besonders schön machen will, kann noch aus Stoffresten mit Reißzwecken einen Vorhang befestigen.

Man braucht keine ausgefeilten Vorlagen für ein Kasperlstück. Geschichten erfindet man besser selber, und die Kinder haben dabei unendlich viele Ideen. Kleine Anstöße bringen schnell ganze Dramen oder Komödien in Gang.

Das sind mögliche Themen: Kasperl hat Geburtstag und das Krokodil will die Geburtstagstorte klauen – Kasperl befreit die Prinzessin aus den Händen des Räubers – Kasperl erlebt im Wald Abenteuer mit einem Zauberer – Kasperl sucht ein Geschenk für die Großmutter – Kasperl kocht und macht alles falsch – Kasperl beim Zahnarzt – Kasperl geht in die Schule und und und…

Fingertheater

Am allerschnellsten ist ein Fingertheater gezaubert: lustige Gesichter auf die Finger malen, ein Papierhütchen draufsetzen – fertig!

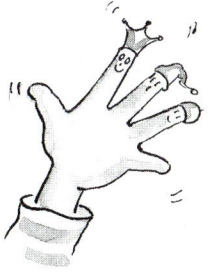

Strumpfköpfe

Außer einem alten Strumpf braucht man nur einen Kochlöffel und einige Woll- oder Stoffreste. Der Strumpf wird über den Kochlöffel gezogen und mit Watte, Stoff, Schaumstoff oder Papier rund ausgestopft. Den Hals bindet man mit Garn zusammen. Augen, Mund und Nase werden aufgenäht, für die Haare zieht man dicke Wollfäden durch oder klebt ein Stück Fell an. Wie der Strumpfkopf heißen soll, darf Ihr Kind bestimmen: Herr Schimpf, Frau Vergeßlich, Otto Bösewicht oder Susi Wunderhübsch?

Stabpuppen

Das braucht man: eine Styroporkugel von etwa 10 cm Durchmesser, einen etwa 50 cm langen Stab, der an einem Ende zugespitzt wird, und außerdem jede Menge Reste und Abfallmaterial. Die Kugel wird als Kopf einfach aufgesteckt und bemalt oder mit allem möglichen Material gestaltet: Korken-Nasen und Reißnägel-Augen, Strohhalm-Haare oder Holzspan-Locken – hier ist Erfindergeist gefragt. Ein Stück Stoff wird als Kleid um den Stab gebunden. Es hält besser, wenn man mit Klebeband eine dicke Wulst unterhalb am Stab befestigt.

Kasperltheater

Seppl Weiß-ich-nicht

Kasperl: Hallo, Seppl. Warum schaust du denn so komisch?

Seppl: Ich muß in die Schule!

Kasperl: Ja und? Ist das denn was Schlimmes?

Seppl: Weiß ich nicht.

Kasperl: Da lernt man doch was, in der Schule, oder?

Seppl: Weiß ich nicht.

Kasperl: Laß mal überlegen. Vielleicht lernt man da kochen?

Seppl: Weiß ich nicht.

Kasperl: Oder vielleicht lernt man da Purzelbäume schlagen?

Seppl: Weiß ich nicht.

Kasperl: Oder vielleicht lernt man da Räuber fangen?

Seppl: Weiß ich nicht.

Kasperl: Oder vielleicht lernt man da sogar zaubern?

Seppl: Weiß ich nicht.

Kasperl: Du bist ja ein richtiger Seppl Weiß-ich-nicht! Also, wenn ich etwas nicht weiß, dann frage ich einfach!

Seppl: Aber wen soll ich denn fragen?

Kasperl: Na, die Großmutter! Die ist schon so alt und hat viel erlebt. Die war bestimmt auch mal in der Schule. Komm, wir rufen die Großmutter!

Kasperl und Seppl rufen: Groß – mut – ter! Groß – mut – ter!

(Die Großmutter kommt)

Kasperl: Du, wir müssen dich was fragen. Der Seppl muß in die Schule und der weiß totalüberhauptnix! Der weiß nicht mal, was man da lernt.

Großmutter: Ja, da hätte er mich doch

schon viel früher fragen können! Also, in der Schule lernt man eine ganze Menge: lesen, schreiben, rechnen, und außerdem malen, singen, turnen und basteln.

Seppl: Und ist das schwer, das Lernen?

Großmutter: Naja, manchmal muß man seinen Kopf ganz schön anstrengen, damit man das alles kapiert. Aber manchmal geht es so leicht, daß man gar nicht merkt, wieviel man schon wieder gelernt hat.

Seppl: Und du, bist du denn gern in die Schule gegangen?

Großmutter: Ja, natürlich! Ich wollte doch auch lesen und schreiben und rechnen können wie die Großen! Und in der Schule habe ich gemerkt, wie ich immer gescheiter geworden bin.

Seppl: Also ist die Schule gar nicht so schlimm?!

Kasperl: Weißt du was, Seppl? Das gefällt mir, da geh ich mit!

Gabriele Roß

Ganz schön schwierig: p, P, q, b oder d?

Beim Lesenlernen sind alle Sinne und die Sprache gefordert

Wenn Erstkläßler stolz Wörter auf Reklametafeln, Etiketten und Schildern entziffern, haben sie die ersten Hürden schon hinter sich. Bis dahin aber ist eine Menge zu leisten beim Lesenlernen. Denn Lesen heißt nicht nur Buchstaben kennen. Es besteht aus vielen verschiedenen und gar nicht so einfachen einzelnen Fähigkeiten. Das alles gehört zum Beispiel zum b (Achtung: nicht „be", sondern „b" gesprochen!):

– spüren, daß die Lippen leicht auseinanderplatzen und Luft aus dem Mund kommt
– beobachten, wie es aussieht, wenn man b spricht

– hören, daß das Wort „baden" mit b anfängt und bei „Gabel" das b in der Mitte ist
– hören und spüren, daß b und p nicht das gleiche sind
– sehen, aus welchen Teilen b besteht
– aus einem Strich und einem Halbrund die Form richtig zusammensetzen können, so daß wirklich b entsteht und nicht P, q, p oder d
– ähnliche Formen vergleichen und b herausfinden
– sich merken, daß der gesprochene Laut b und der geschriebene Buchstabe b zusammengehören.

Alle Sinne sind beim Buchstabenlernen gefordert!

Das Lesen selbst verlangt noch einiges mehr. Im Gewimmel von Wörtern und Zeilen muß ein Kind einen einzelnen Buchstaben anvisieren und quasi mit den Augen herausfischen können. Dazu ist ein sicherer Gleichgewichtssinn nötig, denn sonst verwackelt und verschwimmt alles. Die Reihenfolge der Buchstaben im Wort kommt hinzu. Wer damit Probleme hat, macht aus „Brei" leicht „Bier".

Die Kinder müssen lernen, die Teile zu einem Ganzen zusammenzusetzen und umgekehrt aus dem Wort sicher die Einzelteile herauszufinden. Und mit dem rein technischen Aneinanderreihen von Lauten ist es noch lange nicht getan, denn Lesen heißt ganz unbedingt: verstehen und den Sinn des Ganzen erfassen! Der Buchstabe oder das Wort allein sagen nichts aus, wenn nicht aus dem Zusammenhang die Bedeutung klar wird.

Es ist eine respektable Leistung, wenn Sechsjährige innerhalb eines Jahres diese ganz schön komplizierten Vorgänge auf die Reihe bringen.

Kinder lernen das Lesen in der Schule, und Lehrerinnen und Lehrer sind dafür ausgebildet, es ihnen nach allen Regeln der pädagogischen Kunst beizubringen. Manche Kinder entdecken von sich aus schon vorher alle Buchstaben, manche lernen mit älteren Geschwistern das Lesen gleich mit. Daran braucht man sie nicht zu hindern. Aber Eltern sollten sich hüten, in einer „Vorschule" zuhause ihrem Kind

das Lesen zu lernen. Die Schule ist dafür zuständig!

Sinn-voll im wahrsten Sinne des Wortes ist es dagegen, die Sinne der Kinder zu schärfen, damit sichere Grundlagen fürs Lesenlernen da sind: im Alltag und beim Spielen das Sehen und Hören, das Spüren und Tasten, das Bewegen und Be-greifen üben. Spiele mit Buchstaben und Wörtern bahnen außerdem den Weg zum Lesenlernen und Sechsjährige sind meist mit Spaß und Interesse dabei.

Zur wichtigsten und wirkungsvollsten Vorbereitung aufs Lesenlernen gehören aber vor allem zwei Dinge: einmal die sprachliche Anregung zuhause (Hinweise zur Sprachförderung im Alltag gibt das vorhergehende Kapitel) und zum anderen eine Umgebung zuhause, in der Kinder den Wert von Büchern und das Vergnügen am Lesen erleben. Untersuchungen kamen immer wieder zu diesem Ergebnis: Gute Leser kommen fast immer aus Familien, in denen das Gespräch eine große Rolle spielt und in denen viel und gern gelesen wird.

Zum Beobachten

☐ Hört Ihr Kind gut? Spricht es deutlich?

☐ Kann sich Ihr Kind gut orientieren? Oder verwechselt es noch oft oben und unten, vorne und hinten, neben und zwischen?

☐ Findet es auf Suchbildern oder Wimmelbildern die einzelnen Dinge schnell heraus? Oder kann es die Einzelheiten nur schwer erkennen?

☐ Legt es gerne Puzzles? Schafft es Puzzles entsprechend den Altersangaben des Spiels?

☐ Kann Ihr Kind sicher das Gleichgewicht halten – zum Beispiel auf einem Bein stehen oder auf einer Schnur gehen? Oder fährt es sehr wacklig Fahrrad und übersieht oft Hindernisse?

☐ Kann es mit den Augen einen Gegenstand fixieren oder schweift der Blick sehr schnell ab?

☐ Achtet Ihr Kind auch auf kleine Unterschiede – etwa beim Sortieren von Bausteinen, Münzen oder Knöpfen?

☐ Kann es vor einer Geräuschkulisse auf eine Sache hören?

☐ Hört Ihr Kind feine Unterschiede? Kann es ähnliche Geräusche oder ähnliche Wörter wie Hand-Wand-Sand unterscheiden?

☐ Kann es sich drei bis fünf vorgesprochene Wörter oder Buchstaben in der richtigen Reihenfolge merken?

☐ Versteht Ihr Kind, was gemalte Hinweisschilder bedeuten – zum Beispiel für Notausgang, Post, Haltestelle, Parkplatz?

☐ Interessiert es sich für Geschriebenes, etwa für Etiketten und Beschriftungen, Plakate und Schilder, Zeitschriften und Bücher?

☐ Schaut Ihr Kind gerne Bilderbücher an? Läßt es sich gerne vorlesen? Oder will es lieber nichts von Büchern wissen?

Von links nach rechts

Wir lesen und schreiben von links nach rechts. Darauf kann man Kinder bei vielen Gelegenheiten hinweisen. Zeigen Sie zum Beispiel mit dem Finger mit, wenn Sie eine Geschichte vorlesen! Lassen Sie Ihr Kind zuschauen, wenn Sie einen Brief schreiben, und zeigen Sie ihm den Zeilensprung! Vielleicht setzt sich Ihr Kind neben Sie und „schreibt" selbst auf Zeilenpapier einen Kritzelbrief.

Eine gute Übung zum Training von links und rechts: Sie malen auf ein Blatt viele Pfeile in alle Richtungen. Ihr Kind soll dann alle Pfeile, die nach rechts zeigen, mit einem roten Stift anmalen.

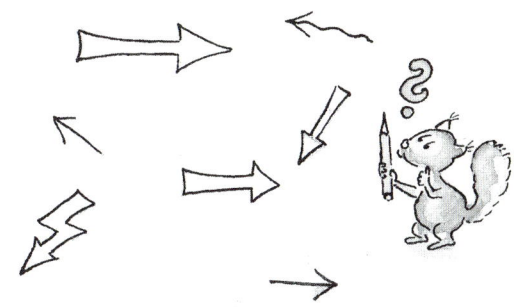

Rückenzeichnen

Das ist ein kitzliges Spiel für Vorschulkinder! Sie malen Ihrem Kind eine einfache Form auf den Rücken. Es soll das, was es gespürt hat, dann auf ein Blatt Papier malen. Die Rollen müssen natürlich getauscht werden.

Wenn mehrere Kinder mitspielen, kann man eine ganze Rückenzeichenkette machen: Alle stellen sich hintereinander auf, der hinterste fängt mit einer Form an und jeder muß das Zeichen seinem Vordermann auf dem Rücken weitergeben. Wer ganz vorne steht, malt das gespürte Zeichen. Mal sehen, ob es der erste Spieler tatsächlich wiedererkennt!

Selbstgemachte Puzzles

Puzzles kann man ganz einfach selber herstellen. Das hat noch dazu den Vorteil, daß man den Schwierigkeitsgrad selbst bestimmen kann, also mehr oder weniger Teile zum Zusammensetzen hat. Zerschneiden Sie einfach alte Ansichtskarten oder Kalenderblätter! Ganz schön knifflig wird es, wenn man für ein Puzzle Zeitschriften- oder Katalogseiten verwendet, denn die sind beidseitig bedruckt und so muß Ihr Kind beim Zusammensuchen doppelt aufpassen.

Sie müssen selbst ausprobieren, was Ihr Kind gut schaffen kann. Erst dann sollte man es allmählich schwieriger machen.

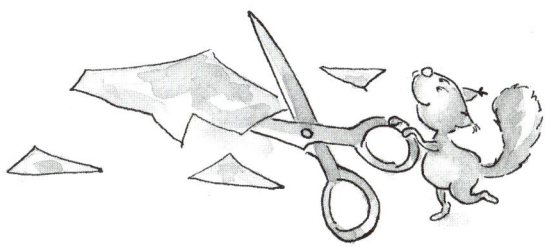

Kaputte Wörter

Eine Reparaturwerkstatt für Wörter! Sie sagen ein „auseinandergebrochenes" Wort – etwa „Te-le-fon-hö-rer" – und Ihr Kind soll es zusammenbasteln. Vielleicht gelingt es Ihrem Kind auch, aus einzelnen vorgesprochenen Buchstaben ein kurzes Wort zusammenzusetzen. Achten Sie aber darauf, daß Sie die Laute einzeln sprechen, also nicht „em", sondern nur „m".

Wer findet den Pfennig?

Wenn Sie viel Kleingeld in der Geldbörse haben, so ist das eine gute Gelegenheit für Seh-Spiele, die das genaue Hinschauen und Merken schulen. Sie verstreuen viele Münzen auf dem Tisch, darunter ein Pfennigstück. Ihr Kind soll es möglichst rasch entdecken. Oder Sie legen eine Reihe von vier bis fünf Geldstücken aus und decken sie nach einer Weile zu. Gelingt es Ihrem Kind, sich die Reihenfolge zu merken und genauso nachzulegen?

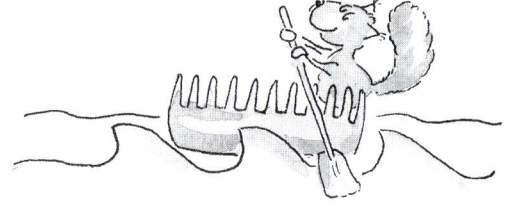

Fehler suchen

Hier geht es um ähnliche Wörter wie Kanne-Tanne, Rose-Hose-Dose, Vase-Hase-Nase, Bach-Dach-Fach, Tuch-Buch, Kirsche-Kirche, Bus-Busch, Tasse-Tasche, Nagel-Nadel, Kamm-Kahn... Sie verstecken ein falsches Wort in einem Satz, und Ihr Kind darf mal der Lehrer sein und den Fehler korrigieren. Das sind Beispiele: In einem Tuch kann man lesen – Der Busch fährt an der Haltestelle ab – Die Hose hat Dornen – Zum Nähen braucht man einen Nagel – Auf dem See fährt ein Kamm...

Doppelt gemoppelt

Ein Wort ist bei diesem Sprachspiel immer doppelt gemoppelt. Sie sprechen Ihrem Kind eine Reihe von vier Wörtern vor, wobei eines zweimal vorkommt, und das muß herausgefunden werden. Zum Beispiel: *Nudeln – Käse – Tomaten – Nudeln.*

Das Papagei-Spiel

Ihr Kind ist der Papagei, der alles nach-
plappert: schwierige Wörter wie *Zwetsch-
genbaumzweig*, *Brummkreisel* oder *Abra-
kadabra*, selbsterfundene Quatschwörter, eine Reihenfolge von Wörtern oder
ganze Sätze. Natürlich darf auch Ihr
Kind mal der Papageienbesitzer sein
und Sie sprechen alles nach.

Kurze und lange Wörter

Welches Wort ist länger: „Kran" oder
„Mäuseschwänzchen"? Für Kinder ist
das gar nicht so einfach zu entscheiden.
Sie gehen nämlich von der Vorstellung
des Gegenstandes aus, und da ist der
Kran eindeutig länger! Erst allmählich
können sie sich davon lösen und auf die
abstrakte Gestalt der Wörter achten.
Klatschen Sie mit Ihrem Kind Wörter
nach Silben oder gehen Sie für jede Silbe
einen Schritt! So lernt es, die Wörter zu
gliedern und kurze und lange Wörter
zu unterscheiden.

Schnecke und Schnellzug

Einzelne Wörter werden entweder im
Schneckentempo ganz, ganz langsam
oder im Schnellzugtempo so schnell
wie möglich gesprochen. Wer errät das
Wort?

Leseratten, Bücherwürmer

Das Interesse fürs Lesen zu wecken –
das ist eine Aufgabe, die längst vor der
Schule beginnt. Und das ist gar nicht so
einfach in einer Zeit, in der Fernsehen,
Videorecorder, Computerspiele, Cassetten und CDs den Ton angeben. Vielleicht gelingt es Ihnen als Eltern dennoch, Ihr Kind den Wert des Lesens
entdecken zu lassen. Wenn Sie selbst
gerne lesen und vorlesen und das mit
Spannung und Genuß vermitteln können, wird aus Ihrem Kind am ehesten
ein echter Bücherwurm oder eine Lese-
ratte. Damit tun Sie mehr für den Schulerfolg als mit Stapeln von Übungshef-
ten.

Wie das Vorlesen aufs Lesen vorbereitet

☐ Nehmen Sie sich Zeit, wenn Sie Ihrem Kind vorlesen wollen!

☐ Lesen Sie ein Bilderbuch oder eine Geschichte vorher selbst oder überfliegen Sie zumindest den Text!

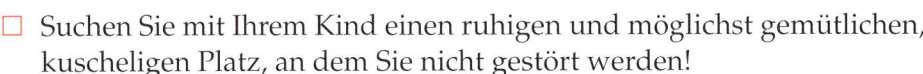

☐ Suchen Sie mit Ihrem Kind einen ruhigen und möglichst gemütlichen, kuscheligen Platz, an dem Sie nicht gestört werden!

☐ Schauen Sie sich zusammen zuerst das Titelbild an! Wie heißt das Buch, wer hat es geschrieben oder gemalt?

☐ Machen Sie Ihr Kind neugierig auf die Geschichte! Überlegen Sie gemeinsam, worum es gehen könnte!

☐ Verbieten Sie Ihrem Kind nicht den Mund während des Vorlesens! Es muß Fragen stellen und über den Text sprechen können.

☐ Erklären und umschreiben Sie unbekannte, ungewohnte Wörter! Wenn das Wort wieder auftaucht, fragen Sie Ihr Kind, ob es sich an die Bedeutung erinnert!

☐ Sprechen Sie über die Bilder! Manchmal erzählen Bilder noch mehr als der Text allein. Machen Sie Ihr Kind deshalb auch auf Kleinigkeiten aufmerksam!

☐ Bevor Sie umblättern: Vermuten Sie gemeinsam mit Ihrem Kind, was als nächstes passieren könnte!

☐ Stellen Sie Warum- und Wie-Fragen zur Geschichte!

☐ Regen Sie Ihr Kind zum Vergleichen an! Fragen Sie nach, ob es Ähnliches kennt oder erlebt hat wie in der Geschichte, was im Buch ähnlich ist wie zuhause und was ganz anders ist.

☐ Verweilen Sie bei einzelnen Teilen oder Situationen im Buch, wenn Sie merken, daß sich Ihr Kind ganz besonders dafür interessiert!

☐ Zeigen Sie beim Vorlesen mit dem Finger mit! Machen Sie Ihr Kind auf Besonderheiten im Text aufmerksam – etwa größer geschriebene oder oft vorkommende Wörter!

☐ Nach dem Lesen: Erinnern Sie sich gemeinsam nochmal an die Geschichte und an Einzelheiten! Das soll aber keine Auflistung oder Nacherzählung sein, sondern eine Unterhaltung über das Buch, bei der die eigenen Gedanken des Kindes genauso wichtig sind.

Vorlesegeschichte

Oskar und der Pfannkuchen

Oskar ging in die erste Klasse. Er fand Rechnen ganz toll und Lesen ganz blöd. Er wollte einfach nicht lesen.

Jede Woche lernten die Kinder einen neuen Buchstaben. Die Lehrerin erzählte jedesmal eine Geschichte dazu, sie malte den Buchstaben riesengroß an die Tafel und jeder durfte ihn mit Kreide in seiner Lieblingsfarbe nachfahren. Das gefiel allen. Nur Oskar nicht. Er wollte einfach nicht lesen.

Wenn es in der Schule ums Lesen ging, schaltete er immer gleich ab. Die neuen Buchstaben schaute er nur einmal an und dann vergaß er sie schnell. Das Lesebuch machte er zuhause gar nicht erst auf. „Bin schon fertig", sagte er immer, wenn seine Mutter ihn fragte, ob er schon das Lesen geübt habe. Er wollte einfach nicht lesen.

Wozu sollte er auch lesen lernen? Bücher konnte er sowieso nicht leiden, er saß viel lieber vor dem Fernseher. „Na, dann mußt du aber wenigstens das Fernsehprogramm lesen können", sagte der Vater. „Muß ich nicht", brummte Oskar, „ich schau mir eben die Programmvorschau an." Er wollte einfach nicht lesen.

In der Schule lernten sie immer mehr Buchstaben, und ganze Wörter konnten die anderen Erstkläßler schon lesen. Mit den neuen Wörtern machte die Lehrerin immer ein Spiel. Sie versteckte die Wörter im Klassenzimmer und jeder durfte ein Wort suchen. Das gefiel allen. Nur Oskar nicht. Er wollte einfach nicht lesen. Und vor lauter Wut warf er sein Lesebuch in die Mülltonne.

An diesem Tag war Oskar allein zu Haus. Er hatte Hunger und schrecklich Lust auf Pfannkuchen, denn das war seine Lieblingsspeise. Also holte er eine Pfanne und eine Schüssel für den Teig. Nur: Was braucht man alles für den Teig? Mist! Oskar hatte keine Ahnung. Eier, aber wieviele? Zwei oder zwölf?

Vielleicht Wasser? Oder Sahne? Oder Apfelsaft? Oder Öl?

Oskar dachte lange nach. Dabei wurde er immer hungriger. Er bekam immer mehr Appetit auf Pfannkuchen, das Wasser lief ihm schon im Mund zusammen.

Da hatte er eine Idee. Er holte das dicke Kochbuch aus dem Regal und suchte und suchte. Endlich fand er das Bild: ein schöner, dicker, gelber Pfannkuchen – und darunter das Rezept.

Oskar strengte seinen Kopf an wie noch nie. Sein Magen knurrte. Er ver-

suchte mit aller Kraft, sich an die vielen Buchstaben und an die Geschichten und an die Spiele mit den Wörtern zu erinnern. Zwei volle Stunden saß er vor dem Buch. Dann nahm er es mit zum Herd und backte den herrlichsten Pfannkuchen aller Zeiten.

Als er aufgegessen hatte, holte er sein Lesebuch aus der Mülltonne. Auf der ersten Seite fing er an zu lesen. Als seine Eltern spät am Abend nach Hause kamen, war er bei Seite 27 und hatte ganz rote Ohren vor Anstrengung.

Gabriele Roß

Wie man das Interesse fürs Lesen weckt

☐ Ihr Kind soll Zugang zu Gedrucktem haben. Das sind nicht nur Bücher, sondern auch Zeitungen, Zeitschriften, Programmhefte, Reklame, Kataloge, Comic-Hefte…

☐ Nutzen Sie die vielen Gelegenheiten zum Vorlesen im Alltag! Zeigen Sie Ihrem Kind zum Beispiel Beschriftungen, Wegweiser, die Etiketten auf der Saftflasche oder auf der Schokoladentafel, Reklameschilder, Plakate…! Durch diese beiläufigen Erfahrungen lernt Ihr Kind, daß alles eine Bedeutung hat und daß man durchs Lesen wichtige Informationen bekommt.

☐ Zeigen Sie Ihrem Kind den Nutzen des Lesens! Im Alltag gibt es dafür unzählige Gelegenheiten: im Telefon- oder Adreßbuch nachschlagen, im Kochbuch ein Rezept suchen, in der Fernsehzeitschrift nach dem Programm schauen, für ein Medikament den Beipackzettel oder die Gebrauchsanweisung für ein Haushaltsgerät lesen, in der Zeitung die Kinoanzeigen suchen, auf dem Stadtplan eine Straße suchen, den Zugfahrplan lesen und und und…

☐ Zeigen Sie Ihrem Kind den praktischen Umgang mit Geschriebenem! Was bei einem Buch vorne und hinten ist, wie man umblättert, daß manches größer und manches kleiner gedruckt ist, wie eine Überschrift ausieht – das interessiert Kinder und das hilft ihnen später, sich schnell zurechtzufinden. Ganz nebenbei kriegen Kinder schon viel Praktisches übers Lesen mit: Wenn sie sehen, wie man im Kochbuch oder im Lexikon etwas sucht, wie man die Beschreibung zu einem Katalogbild findet, wie man etwas bestellt, wie man mit einem Straßenatlas umgeht, wie man ein Rezept liest und dann eine Einkaufsliste schreibt…

☐ Ihr Kind soll sehen, daß Sie selbst gern lesen. Nehmen Sie ein Buch oder die Zeitung also nicht erst dann zur Hand, wenn Ihr Kind schon im Bett ist! Erzählen Sie Ihrem Kind, was Sie gerade lesen!

☐ „Untersuchen" Sie mit Ihrem Kind einen Text! Zeigen Sie ihm, daß es kurze und lange Wörter gibt, daß die Wörter aus verschieden vielen Buchstaben bestehen und durch kleine Abstände voneinander getrennt sind! Ihr Kind entdeckt vielleicht von selbst gleiche Wörter oder gleiche Buchstaben. Machen Sie das Lesen zu einer spannenden Wissenschaft!

☐ Gehen Sie regelmäßig in die Leihbücherei und lassen Sie Ihr Kind ein Buch aussuchen!

☐ Nehmen Sie Ihr Kind gelegentlich in eine Buchhandlung mit! Oft gibt es gemütliche Kinderbuch-Abteilungen.

Punkt, Punkt, Komma, Strich

Auge und Hand müssen beim Schreiben zusammenspielen

Mit etwa drei Monaten greift ein Kind nach einer Rassel. Mit zwei Jahren fängt es im „Pfötchengriff" zu kritzeln an. Mit etwa vier Jahren kann es kleine Perlen auffädeln, mit fünf an einer Linie entlangschneiden. Das alles gehört zur Entwicklung der Handgeschicklichkeit. „Feinmotorik" heißt der Fachausdruck für die Fähigkeiten, auf die es beim Schreibenlernen ankommt. Die Grundlagen sind wiederum die Sinne und ihre Entfaltung in den ersten sechs Lebensjahren.

Damit ein Kind den Stift richtig halten und handhaben kann, muß es ihn gut in der Hand spüren. Es muß Druck, Zug und Muskelspannung in der Hand und im ganzen Körper genau empfinden können und ein Gefühl dafür haben, wieviel Kraft es braucht. Sonst sind Hal-

tung und Hand verkrampft oder schlaff. Zwei Sinne sind im wesentlichen für diese Leistungen zuständig: Der Tastsinn, der über die Haut läuft, und der Bewegungssinn, der die Lage und die Stellung von Muskeln, Sehnen und Gelenken steuert und kontrolliert.

Auge und Hand müssen außerdem beim Schreiben zusammenspielen. Die Augen sind quasi das Lenkrad für die Hand und sorgen dafür, daß sie genau zielen und die Bahn einhalten kann. Wenn Auge und Hand sich nicht verstehen, malt ein Kind zum Beispiel immer über den Rand hinaus, es findet die Schreiblinien nicht, kann die Zeilen nicht einhalten, zieht zittrige oder fahrige Striche.

Kinder brauchen eine Menge an Erfahrungen mit allen Sinnen und mit

dem ganzen Körper, damit sie fürs Schreiben gerüstet sind. Viel Bewegung, Tast- und Greifspiele, Spiele zum Hinschauen, Verfolgen und Zielen bringen das Schreiben in Schwung.

Viele Eltern machen sich immer noch Sorgen, wenn sie merken, daß ihr Kind die linke Hand bevorzugt. Das ist kein Grund zur Panik! Mit ein bißchen Hilfe und dem richtigen „linken" Handwerkszeug wie Schere und Füller kommen Linkshänder in der Schule genausogut zurecht, und Lehrer und Lehrerinnen wissen beim Schreibenlernen damit umzugehen. Man kann dage-

gen viel Schaden anrichten, wenn man ein linkshändiges Kind zum Gebrauch der angeblich „schönen" rechten Hand zwingt. Die Händigkeit nämlich hängt mit der Anlage der beiden Gehirnhälften zusammen, und jeder Eingriff bringt das Gehirn durcheinander. Konzentrations- und Merkschwächen, Sprach- und Bewegungsprobleme können die Folgen sein. Lassen Sie Ihr Kind also ruhig „mit links" essen, bauen, malen und schreiben – und denken Sie daran, daß unter den Linkshändern so berühmte Namen sind wie Cäsar, Napoleon und US-Präsident Bill Clinton.

Zum Beobachten

☐ Malt Ihr Kind gern? Neigt es eher zum flüchtigen Malen oder zeichnet es schon genau mit vielen Einzelheiten, etwa ein Haus mit Fensterkreuz und Gardinen?

☐ Malt Ihr Kind bei einem „Männchen" alle wesentlichen Körperteile und plaziert es die Teile in der richtigen Stellung zueinander?

☐ Kann es eine Vorlage ausmalen, ohne über den Rand hinauszufahren?

☐ Weiß es, wie stark es mit verschiedenen Stiften aufdrücken muß? Malt es sehr dünn und schwach oder zerreißt das Papier beim Malen?

☐ Geht Ihr Kind geschickt mit Spielmaterial, Werkzeug und Gebrauchsgegenständen um? Kann es zum Beispiel einschenken, ohne etwas zu verschütten?

☐ Kommt Ihr Kind mit Reißverschlüssen, Knöpfen, Druckknöpfen zurecht?

☐ Kann es beide Hände zweckmäßig einsetzen, zum Beispiel beim Schneiden, beim Bleistiftspitzen, beim Schuhebinden, beim Essen mit Messer und Gabel?

☐ Kann Ihr Kind einen Ball sicher fangen und gezielt werfen?

Zum Aufwärmen

Handgeschichte

Entsprechend dem Text werden die Finger an beiden Händen abgezählt und dann bewegt:

Schau mal deine Hände an!
Schau, da sind fünf Finger dran:
1, 2, 3, 4, 5 – 1, 2, 3, 4, 5.
Schau mal, was die alle können:
Langsam gehen und auch rennen,
klettern auf den Baum ganz munter,
steigen alle wieder runter.
Rundherum sieht man sie flitzen
und dann bleiben alle sitzen.

Schlangenmuster

Sie malen große und kleine Schlangen auf, und Ihr Kind soll für jede Schlange ein anderes Muster erfinden: Wellen, Kreise, Punkte, Zickzacklinien… Wie auch in der Tierwelt sind der Phantasie keine Grenzen gesetzt.

Pinzettenbagger

Jeder Spieler bekommt zehn Erbsen, eine Pinzette als Bagger und ein Schälchen. Auf „los" geht´s los: Jeder muß mit der Pinzette seine Erbsen in den Behälter transportieren. Wer hat den schnelleren „Greifer"?

Würstchen und Spätzle

Knetmasse oder Salzteig – das ist bester Lernstoff für Hände und Finger. Man kann die Knete plattdrücken oder mit dem Nudelholz auswellen, Plätzchen ausstechen oder Würstchen formen. Die Kinder experimentieren dabei mit Begeisterung. Durch eine grobe Knoblauchpresse oder durch eine Spätzlepresse gedrückt, gibt´s sogar Nudeln und Spätzle!

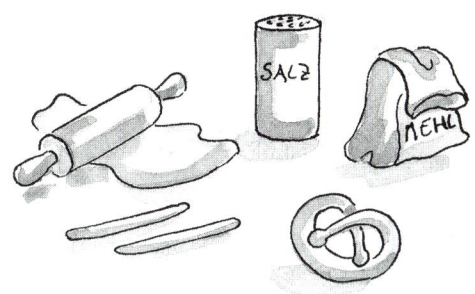

Kleine Köche

In der Küche gibt es eine Menge von Tätigkeiten, die Kraft und Geschick in den Händen verlangen: mit dem Schneebesen Sahne oder Pudding schlagen, mit dem Kochlöffel Reisbrei umrühren, Obst für Obstsalat schneiden, Kartoffeln schälen, in einen Meßbecher Zucker bis zu einem bestimmten Meßstrich einfüllen, Teig kneten… Kleine Köche können dabei gut mithelfen und trainieren nebenbei ihre Handfertigkeiten.

Wäscheklammer-Igel

Schneiden Sie aus Karton groß die Form eines Igels aus! Wäscheklammern sind die Stacheln. Beim Klammern trainiert Ihr Kind Kraft und Fingerfertigkeit. Sie können auch gleich eine kleine Vorübung fürs Lesen damit verbinden: Sie sprechen einzelne Buchstaben vor und nur wenn Ihr Kind „i" wie bei „Igel" hört, darf es einen Stachel anklammern. Eine Stufe schwieriger: Sie sagen Wörter mit und ohne i, und nur bei den i-Wörtern bekommt der Igel einen Stachel.

Ihr Kind kann Ihnen natürlich auch beim Wäscheaufhängen helfen und dabei seine Handgeschicklichkeit üben.

Zielen und treffen

Das Zusammenspiel von Auge und Hand wird bei allen Spielen zum Zielen und Treffen gefördert. Es gibt unzählige Möglichkeiten: Murmeln in ein Tor schießen, einen Turm aus Bausteinen oder Dosen mit einem Ball umwerfen, Kerzen mit einer Wasserpistole ausspritzen, kegeln, Pfennige zu einem Ziel schnipsen, einen Ball durch einen Reifen werfen…

Hand-Massage

Eine Hand-Massage tut gut und weckt außerdem die Sinne. Kreisen Sie auf der Hand Ihres Kindes über die Fingerkuppen, über die Handfläche und den Handrücken! Man kann die Hände auch gegeneinander reiben oder mit einem Massagehandschuh rubbeln und hinterher spüren, wie warm sie geworden sind.

Zauberspuren

Diese Zauberspuren sind spannend zum Tasten und Nachmalen. Ziehen Sie mit Flüssigkleber einfache Formen und Spuren auf Papier: Kreis, Dreieck, Viereck, Welle, Schneckenhaus, Zickzackbahn oder einfache Buchstabenformen wie L, M, S, W. Der Kleber muß natürlich gut trocknen. Dann soll Ihr Kind mit verbundenen Augen eine Spur mit dem Finger nachfahren und vermuten, was es ist. Guten „Spürfingern" gelingt es sogar, die ertastete Form hinterher auswendig aufzumalen.

Achterbahn

Die Achterbahn ist eine gute Vorlage für schwungvolle und flüssige Bewegungen. Die Form der liegenden Acht – das hat man herausgefunden – bringt außerdem die Gedankenströme zwischen den beiden Gehirnhälften in Fluß und unterstützt damit die Konzentration und das Denken. Probieren Sie mit Ihrem Kind also den Achterbahnschwung: möglichst groß, am Kreuzungspunkt in der Mitte beginnend nach links oben. Achterbahn fahren kann man mit einer Hand oder mit einem Finger, mit beiden Händen, in der Luft, im Sand, im Gras, auf Papier. Mit einem Seil, mit einer Bleischnur oder mit einer langen Wurst aus Knete sollte Ihr Kind allerdings vorher die Form legen.

Kleine Tips fürs Malen und Schreiben

☐ Filzstifte sind nicht besonders geeignet zum Schreibenlernen. Das Kind spürt kaum den Kontakt zwischen Papier und Stift, es kann seine Fingerkraft nicht erproben, da die Stifte zu leicht angehen. Auch das Steuern, Stoppen und Abbremsen ist schwieriger. Geben Sie Ihrem Kind lieber Wachsmalkreiden und dicke Holzmalstifte in die Hand!

☐ Geben Sie Ihrem Kind zum Malen möglichst großes Papier! Das fördert großräumigere und flüssige Bewegungen. Alte Tapetenrollen und Packpapier sind gut geeignet.

☐ Es gibt kleine Hilfsmittel für Kinder, die den Stift nicht richtig halten können: zum Beispiel einen Dreieck-Gummihalter, der auf den Stift geschoben wird, so daß die Finger richtig anliegen. Fragen Sie die Erzieherin im Kindergarten, denn diese Schreibhilfen gibt es meist nur im Fachhandel.

☐ Probieren Sie mit Ihrem Kind unterschiedliche Papiere und unterschiedliche Stifte aus! Auf Karton und dickem Tonpapier etwa kann man fester aufdrücken, dünnes Papier dagegen reißt schnell, wenn man mit zuviel Kraft zu Werke geht. Bieten Sie Ihrem Kind Holzfarben, Wachsmalkreiden, weiche Bleistifte oder Tintenstifte an und lassen Sie es ruhig auch mal einen Leuchtstift oder einen Füller ausprobieren! Vielleicht zeigen Sie ihm sogar, wie man früher mit einer Gänsefeder und Tusche geschrieben hat.

☐ Befestigen Sie Malpapier mit Klebeband auf dem Tisch, damit es nicht verrutscht!

☐ Sorgen Sie für ausreichend Platz beim Malen!

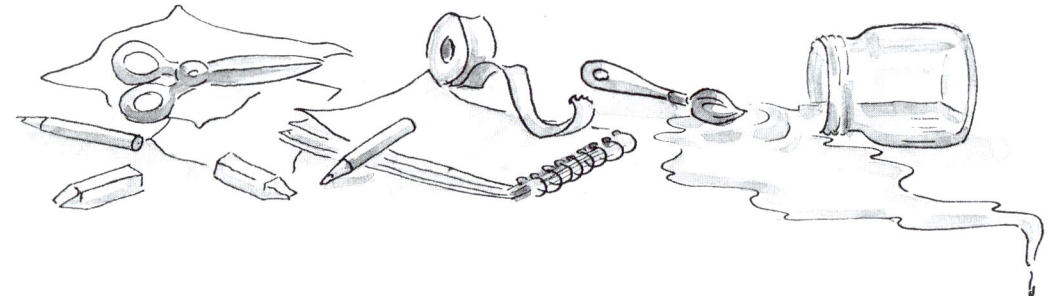

☐ Vermeiden Sie unnötigen Ärger durch „Mal-Unfälle"! Ein altes Plastiktuch als Unterlage verhindert Tischmalereien. Zum Malen mit Wasserfarben brauchen die Kinder einen alten Malkittel und einen Wasserbecher mit gutem Stand.

☐ Wenn das in Ihrer Umgebung möglich ist: Lassen Sie Ihr Kind mit Straßen-kreiden kleine Kunstwerke auf dem Gehsteig herstellen! Eine kleine Schul-tafel mit Kreide reizt außerdem fast alle Kinder zum Schreiben und Malen.

☐ Wenn Ihr Kind die Malstifte am liebsten gar nicht anrührt, zwingen Sie es nicht zum Malen! Probieren Sie lieber kleine Spiele mit Fingern und Farben aus! Ein Beispiel: Zeige- und Mittelfinger werden in Fingerfarbe getaucht und „laufen" dann auf Papier, bis die Spur nicht mehr zu sehen ist. Aus ei-nem Fingerabdruck entsteht mit ein paar Strichen ein Käfer, ein Kopf oder ein Männchen. Dicke Pinsel, Wasserfarben und große Tapetenbahnen sind für manche Kinder außerdem oft ein größerer Anreiz zum Malen als Stifte.

Eins plus eins ist zwei –
ist Rechnen Hexerei?

Mathematik beginnt mit vergleichen, sortieren, ordnen

Für die Mathematik braucht man Köpfchen. Das heißt aber nicht, daß es nur auf „Kopfarbeit" ankommt.

Auch das mathematische Denken hat seine Wurzeln ganz früh in den Erfahrungen, die ein Kind mit allen Sinnen macht. Erst wenn es auf hundertfache Weise mit Dingen hantiert und ihre Eigenschaften kennengelernt hat, kann ein Kind auch ganz allmählich den Zugang zur abstrakten Welt voller Zahlen und Formen finden. Es muß spielen, probieren, experimentieren, die Dinge anfassen und – im wörtlichen Sinne – be-greifen! So kann es Vorstellungen aufbauen, sozusagen Bilder im Kopf

wie in einem riesigen Archiv sammeln und speichern.

Ein gutes Vorstellungsvermögen ist die Grundlage fürs rechnerische Denken. Es nutzt also nichts, wenn Sie Ihrem Kind eine Rechenaufgabe wie „2 +2 = 4" einfach lernen wollen. Be-griffen hat das Kind die Aufgabe nur, wenn es auch tatsächlich zwei Bonbons in jeder Hand gehalten und sie dann zusammengelegt hat, wenn es probiert hat, ob es die vier Bonbons gerecht mit seinem Bruder teilen oder unter vier Kindern aufteilen kann, wenn es weiß, daß man vier Kringel dafür malen kann und daß die Zahl „4" für vier Bonbons

Zum Beobachten

☐ Kann Ihr Kind die Zahlenreihe bis zehn aufsagen, ohne eine Zahl auszulassen?

☐ Kann es Gegenstände bis zehn abzählen, zum Beispiel zehn Wäscheklammern aus einem Korb holen, zehn Bausteine oder Murmeln auswählen?

☐ Kann es vier Dinge – etwa vier Knöpfe auf Ihrer Hand – auf einen Blick erkennen oder muß es die Dinge jeweils abzählen?

☐ Erkennt Ihr Kind die Zahlensymbole auf einem Würfel schnell oder muß es abzählen?

☐ Kann es beim „Mensch-ärgere-dich-nicht"-Spiel die erwürfelte Zahl richtig hüpfen?

☐ Kennt es die Ordnungszahlen „der erste, der zweite..."? Findet es zum Beispiel „die dritte Schublade von oben", „die zweite Klingel von unten", „das fünfte Buch von rechts oder links"?

☐ Versteht es Begriffe wie „mehr – weniger – gleich viel", „am kleinsten – am größten"? Kann es sie anwenden, etwa aus einer Schachtel voller Stifte den längsten und den kürzesten heraussuchen?

☐ Kann es Größen vergleichen, zum Beispiel Stifte der Länge nach oder Knöpfe der Größe nach ordnen?

☐ Geht Ihr Kind gern und ideenreich mit Konstruktionsspielen wie Bausteinen, Technik-Baukästen oder Steckformen um?

und ebenso für vier Elefanten stehen kann, daß drei weniger ist und fünf mehr und und und…

Das alles lernen Kinder systematisch in der Schule. Ein großer Teil des Mathematik-Unterrichts beschäftigt sich zunächst mit den „grundlegenden mathematischen Fähigkeiten". Dazu gehört, daß die Kinder Eigenschaften und Merkmale von Dingen feststellen, daß sie vergleichen, unterscheiden, zuordnen, sortieren, zusammenfassen und ordnen. Für diese Grundlagen und für die Fähigkeit zum logischen Denken können Sie auch zuhause schon einiges tun. Zusammenhänge erkennen und Lösungen finden – das lernen Kinder vor allem dann, wenn sie viele Gelegenheiten zum Tun, Forschen, Entdecken, Experimentieren haben, kurz: wenn sie neugierig sein dürfen.

☐ Kann es mit Bausteinen oder Formen eine einfache Vorlage nachbauen?

☐ Kann es ein Muster aus drei bis vier Teilen in logischer Reihenfolge weiterlegen oder weitermalen?

☐ Hat Ihr Kind ein gutes Vorstellungsvermögen? Kann es zum Beispiel mitdenken, wenn Sie ihm eine Geschichte ohne Bilder vorlesen? Kann es Einzelheiten aus der Geschichte selbst erzählen oder malen?

☐ Kann Ihr Kind Warum-Fragen sinngemäß beantworten?

☐ Kann es schlußfolgern? Zum Beispiel vermuten: „Was passiert, wenn…?" oder „Das ist passiert, weil…?"

Dreieck gesucht

Sie malen auf ein Blatt Papier lauter verschiedene Formen in allen möglichen Größen: Kreise, Quadrate, Rechtecke, Dreiecke, Ovale. Ihr Kind soll alle Dreiecke herausfinden und in einer Farbe umfahren. Wenn es Lust hat, kann es auch noch alle anderen gleichen Formen zusammensuchen und jeweils mit einer Farbe kennzeichnen.

Schrauben, Kirschen, Pfennige

Zum Sortieren gibt es im Spiel und im Alltag tausend Gelegenheiten. Man kann nach Farbe, Form oder Größe einteilen: etwa alle Gummibärchen in der Lieblingsfarbe heraussuchen, für den Kuchen nur die dicken Kirschen auswählen, alle Pfennige für ein „Pfennigglas" aus dem Geldbeutel heraussuchen, beim Aufräumen im Keller alle Schrauben, Nägel, Haken und Dübel sortieren… Ausgediente Schachteln mit Einteilungen wie für Pralinen, Kekse oder Negerküsse sind zum Sortieren übrigens bestens geeignet.

Wer ist der Größte?

Kinder wachsen rasant, und sie sind stolz darauf. Eine Meßlatte im Kinderzimmer sollte deshalb eine ständige Einrichtung sein. Messen Sie in regelmäßigen Abständen Ihr Kind und markieren Sie jeweils die Stelle! Wenn auch noch die Größe von Geschwistern oder Freunden eingetragen wird, kann man immer wieder vergleichen und nachschauen, wer gerade der Größte ist.

Punktebilder

Nur aus Punkten malen Sie einen Um-
riß auf: es kann die Form eines Hauses,
einer Lokomotive, eines Baumes oder
eines Apfels sein. Ihr Kind soll alle
Punkte verbinden und so das Motiv
herausfinden. Das ist eine gute Übung
fürs Sehen, für die Formerkennung und
auch für die Stiftführung.

Kartoffelmuster

Im Kartoffeldruck kann man leicht einfache Formen herstellen. Beim Zurecht-
schneiden der Kartoffeln zu Quadraten,
Dreiecken, Kreisen oder Stäben müssen
Sie den Kindern helfen. Die Unterseite
wird jeweils mit Farbe eingestrichen,
dann wird auf Papier gedruckt. Fangen
Sie ein Muster aus drei oder vier Teilen
an, Ihr Kind soll es fortführen. Das Ergebnis ist schönes selbstgemachtes Ge-
schenkpapier. Mit Kartoffelmustern
kann man aber auch eine Tischdecke,
ein Sofakissen oder einen Stoffbeutel
bedrucken.

Wieviele Schritte?

Schätzaufgaben sind hilfreich für das
Vorstellungsvermögen. Bei diesem
Spiel wird ein Startpunkt vor einer
Wand vereinbart. Jeder Mitspieler soll
schätzen: Wieviele Schritte brauche ich
bis zur Wand? Schlauen Kindern gelingt es vielleicht sogar, die Entfernung
im Verhältnis zu den Schritten einzuschätzen, etwa: Wieviele Schritte brauche ich und wieviele braucht Papa oder
der kleine Bruder?

Hüpf-Rechnen

Man braucht ein Spielfeld wie beim
Kästchenhüpfen mit zehn oder mehr
Feldern. Draußen können Sie das ganz
einfach mit Kreide aufmalen, drinnen
nimmt man am besten ein Krepp-Klebe-
band. Alle Mitspieler stellen sich vor
der Kästchenbahn auf. Der Reihe nach
darf jeder würfeln und dann die gewür-
felte Zahl vorwärts hüpfen. Erlaubt ist
auch rückwärts, wenn man mit der er-
würfelten Zahl nicht ins Ziel kommt.
Der Sieger bekommt vielleicht so viele
Nüsse wie es Kästchen gibt.

Schnapp-Würfel

Alle Würfelspiele, bei denen man mit einer Spielfigur setzen muß, sind ein gutes Training zum Abzählen.

Für ein einfaches Knobelspiel braucht jeder einen Becher und zwei Würfel, der Reihe nach sind die Spieler dran. Wer zwei gleiche Zahlen würfelt, bekommt einen Punkt. Und wer als erster fünf Punkte erreicht, ist der Sieger!

Das Schnapp-Spiel ist für drei oder mehr Spieler gedacht. Ein Spielführer hat einen Becher mit zwei Würfeln, die anderen Spieler haben je einen Becher. Wenn nun der Spielführer zwei gleiche Zahlen würfelt, müssen die anderen versuchen, den Wurf mit ihren umgedrehten Bechern möglichst schnell zu schnappen.

Käferspiel

Malen Sie zwei große Käfer mit jeweils zwölf Punkten auf dem Rücken auf ein Blatt Papier! Für das Spiel zu zweit braucht man außerdem einen Würfel und eine Schale voller Rosinen – oder Schokolinsen, falls Ihr Kind diese lieber mag.

Jeder Spieler würfelt und legt genau so viele Rosinen auf die Punkte seines Käfers, wie er gewürfelt hat. Sieger ist, wer alle seine Punkte zuerst belegt hat. Dabei gilt am Schluß aber nur die Zahl, mit der man seinen Käfer wirklich vervollständigen kann.

Die längste Straße

Außer einem Würfel braucht man viele kleine Stäbchen in unterschiedlichen Längen, die als Haufen auf dem Tisch liegen. Kleine Zweige oder gerade Aststücke eignen sich gut dafür, man kann aber auch Zündhölzer, Zahnstocher, Schaschlikstäbchen oder Pflanzstäbe verwenden. Es wird reihum gewürfelt. Jeder darf sich so viele Stäbchen nehmen, wie er Augen gewürfelt hat. Nach drei Würfelrunden wird verglichen: Wer hat die längste Straße, wenn er seine Stäbchen aneinanderlegt?

Das Meterspiel

Noch ein Spiel mit den Stäbchen, aber jetzt geht es ums Schätzen. Klappen Sie einen Meterstab in der Länge von einem Meter auf! Alle Mitspieler sollen nun schätzen: Wieviele Stückchen in welcher Länge ergeben wohl einen Meter? Jeder sucht sich dementsprechend Stäbchen heraus und legt sie aneinander. Am Schluß wird mit dem Meterstab verglichen. Wer dem Maß am nächsten kommt, ist der Meterkönig.

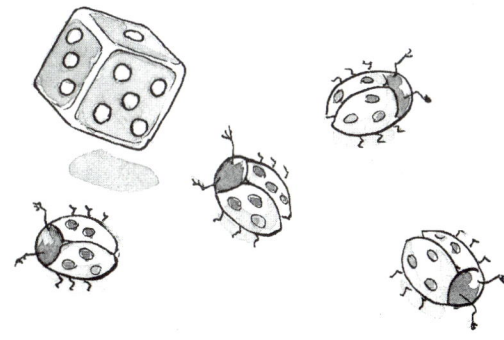

Mit den Ohren zählen

Hier muß man die Ohren spitzen! Ihr Kind bekommt die Augen verbunden und soll zählen, wieviele Bonbons, Nüsse oder Knöpfe Sie in ein Glas fallen lassen. Hinterher wird natürlich kontrolliert, ob´s stimmt.

Karo-Zeichnungen

Zeichnen Sie auf kariertem Papier eine einfache Form anhand der Kästchen! Ihr Kind soll versuchen, die Form daneben nachzuzeichnen. Das erfordert viel Konzentration und gutes Sehen. Man muß die Kästchen abzählen, die Richtung erkennen und wechseln können und die ganze Gestalt verbinden.

Ein schwierigeres Zeichenspiel auf Karo-Papier: Ein Spielpartner sagt, was er selbst zeichnet, der andere sitzt weit entfernt und soll nach den Anweisungen auf seinem Blatt immer das gleiche tun. Zum Beispiel: ein Kästchen nach oben, eins nach rechts, eins nach oben, eins nach rechts, eins nach oben, eins nach rechts, drei nach unten, drei nach links – das gibt eine Treppe! Am Schluß wird verglichen, ob die beiden Zeichnungen gleich aussehen.

Pantomime

Durch das Pantomimen-Spiel wird die Vorstellung angeregt, es kommt außerdem auf die Planung von Bewegungen und damit auf den ganzen Körper an. Eine genaue Vorstellung vom eigenen Körper wiederum ist wichtig, damit ein Kind überhaupt räumliche Begriffe wie oben und unten, vorne und hinten, links und rechts entwickeln kann.

Wenn Sie ein gutes pantomimisches Vorbild sind, kommt Ihr Kind sicherlich schnell auf viele eigene Ideen. Man kann alles Mögliche darstellen und raten: Tätigkeiten im Haushalt wie staubsaugen, abspülen, kehren oder Auto fahren, den Rasen mähen, das Fahrrad aufpumpen oder aber man stellt Tiere oder Berufe dar.

Versteck erfragen

Im Zimmer wird ein Schatz versteckt, etwa eine Münze oder ein Spielzeug. Nun geht es darum, das Versteck zu finden – allerdings nur durch Fragen! Die Fragen dürfen nur mit ja oder nein beantwortet werden. Zum Beispiel: *„Ist der Schatz unter dem Sofa? Hinter dem Schrank? In der Nähe der Türe? In meiner Nähe?"*

Kuckucksei

Hier geht es um die Logik! Sie sagen Ihrem Kind vier Wörter vor, allerdings ist ein Kuckucksei dabei – nämlich ein Wort, das nicht zu den anderen paßt. Zum Beispiel: „Kuh – Ball – Pferd – Ente", „Apfel – Birne – Kartoffel – Pfirsich" oder „Flugzeug – Stein – Vogel – Luftballon". Ihr Kind soll das Kuckucksei erkennen und erklären, warum das Wort nicht dazupaßt.

Denkfragen

Bei den Denkfragen muß man genau hinhören und das Gehirn einschalten. Kinder finden es meistens witzig, wenn sie tatsächlich zum Beginn des Fragespiels pantomimisch einen Schalter an der Stirn betätigen.

Das sind mögliche Fragen, bei denen das Vorstellungsvermögen gefordert ist: „Eine Orange, eine Banane, eine Kirsche oder eine Pflaume? Was ist gelb?" – „Welche Farbe ist bei einer Ampel oben?" – „Fahrradklingel oder Autohupe? Welches Geräusch ist lauter?" – „Ein Abfalleimer oder eine Mülltonne? Was ist größer?" – „Was steht in deinem Zimmer neben der Türe?" – „Wieviele Fenster hat unsere Wohnung?"

Planen mit Köpfchen

Köpfchen braucht man auch beim Planen. Nutzen Sie deshalb alle Gelegenheiten, bei denen man vorher gut überlegen muß, was man braucht! Einige Beispiele: Was brauchen wir alles zum Kuchenbacken? Für eine Bastelarbeit? Fürs Malen mit Wasserfarben? Wenn wir ins Schwimmbad gehen wollen? Wenn wir einen Ausflug machen? Wenn wir verreisen?

Was passiert, wenn…?

„Was passiert, wenn du ein Eis in deine Schultasche legst?" Solche Wenn-Fragen fördern das logische Denken. Möglichkeiten gibt es genügend, zum Beispiel: „Was passiert, wenn du mit dem Fahrrad über einen Nagel fährst – wenn du ein Ei auf den Boden fallenläßt – wenn du einen Schneeball mit ins Haus nimmst – wenn du im Winter ohne Jacke aus dem Haus gehst – wenn du beim Einkaufen den Geldbeutel vergessen hast…?"

Häschen zählen

Fünf kleine Häschen sitzen im Nest.
Eins muß in die Schule,
und vier sind der Rest.

Vier kleine Häschen sitzen im Nest.
Eins muß in die Schule,
und drei sind der Rest.

Drei kleine Häschen sitzen im Nest.
Eins muß in die Schule,
und zwei sind der Rest.

Zwei kleine Häschen sitzen im Nest.
Eins muß in die Schule,
und eins ist der Rest.

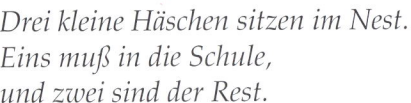
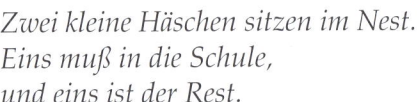
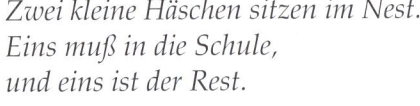
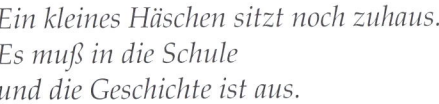

Ein kleines Häschen sitzt noch zuhaus.
Es muß in die Schule
und die Geschichte ist aus.

Einzelgänger, Klassenkasperl, Streithansel

Lernen mit anderen verlangt Kontaktfähigkeit

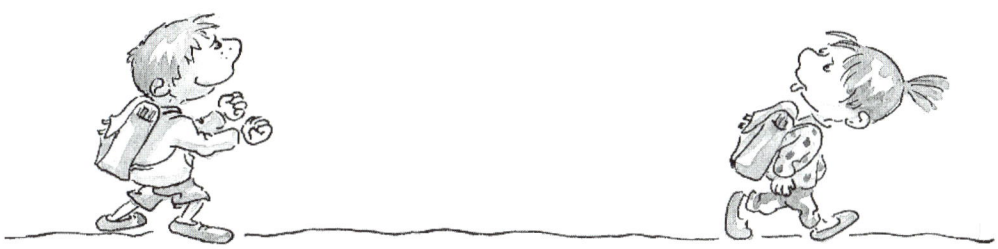

Ihr Kind wird auf viele Jahre hinaus einen großen Teil des Tages in der Schule verbringen. Das ist viel Zeit, und das ist eine ganz eigene Welt unter Kindern. Erinnern Sie sich an Ihre eigene Schulzeit? An die Freundschaften, Streitigkeiten, Aufregungen, Probleme mit anderen, an den gemeinsamen Spaß, vielleicht auch an die Angst vorm Alleinsein oder an den Druck der Clique?

Sicherlich sind in der Schule Stoff und Stundenplan, Lernen und Leistung wichtig. Genauso bestimmend aber ist für Ihr Kind die ganze Lebenswelt der Schule. Ob es sich dort wohlfühlt, ob es gerne hingeht oder jeden Morgen Kopfschmerzen hat, ob es sich auf Freunde verlassen kann oder sich einsam fühlt, ob es Anerkennung erfährt oder Ableh-

nung – das alles wird Ihr Kind und sein Bild von sich selbst prägen. Und nicht nur das: Kinder, die mit anderen gut auskommen, kontaktfreudig und aufgeschlossen sind und gute Freunde haben, schneiden bei den Leistungen und in der Einschätzung der Lehrer besser ab. Sie haben – das hat eine Untersuchung ergeben – auch beim Schulerfolg die Nase vorn. Einzelgänger, Klassenkasperl oder Streithansel dagegen werden schnell von Schülern und Lehrern abgestempelt oder ausgesondert.

Das soziale Lernen ist in der Schule kein Nebenfach. Kinder brauchen für ihre Entwicklung die Auseinandersetzung mit Gleichaltrigen. Sie müssen ihre Rolle in der Gemeinschaft finden. Haltungen wie Toleranz, Mitgefühl,

Verantwortungsbewußtsein, Offenheit und Lebensfreude machen eine menschliche Welt aus. Die Kinder sind die Erwachsenen von morgen und werden die Welt gestalten.

Die Fähigkeit, mit anderen zusammenarbeiten zu können, ist außerdem eine ganz handfeste Qualifikation fürs spätere Berufsleben. Teamarbeit wird in Zukunft im Beruf eine noch größere Rolle spielen als heute.

Sie kennen Ihr Kind am besten selbst und wissen, wo es seine Stärken und Schwächen hat. Wie es sich in einer Gruppe verhält, das erfahren Sie von der Erzieherin im Kindergarten. Jedenfalls sollten Sie sich nicht scheuen, Rat zu suchen, wenn Sie sich Sorgen wegen des Verhaltens Ihres Kindes machen.

Ein Freund, ein guter Freund…

Meistens kennen sich die künftigen Schulkinder schon vom Kindergarten her. Wenn nicht, können Sie vielleicht für Kontakte sorgen oder Freundschaften anschubsen – etwa ein Kind in der Umgebung suchen, das den gleichen Schulweg hat. Sie können Ihrem Kind natürlich keinen Freund „vorsetzen", den muß es schon selbst aussuchen können. Beim Kinderturnen, in Vereinen und auf dem Spielplatz finden sich Partner oft von selbst zusammen. Manche Eltern begutachten die Freunde ihrer Kinder freilich allzu kritisch und sorgen sich um den „Umgang". Vertrauen Sie da lieber Ihrem Kind! Auf jeden Fall erleichtern vorher geknüpfte Bande den Schulanfang: Zu zweit oder zu mehreren ist man viel stärker!

Kleine Pflichten

Kinder müssen langsam lernen, Verantwortung zu übernehmen – für sich selbst und auch für andere. Das ist nicht so einfach. Sie können Ihrem Kind dabei helfen, indem Sie ihm schon früh kleine Pflichten auftragen, die es zuverlässig übernehmen soll. Das können, je nach Gelegenheit, einzelne Aufgaben sein: etwas einkaufen, der Nachbarin oder der Tante etwas ausrichten oder jemandem etwas bringen – einfach alle mögli-

chen Dinge, die es für Sie erledigen kann. Genauso wichtig sind tägliche Pflichten. Die müssen allerdings genau vereinbart und für das Kind einsichtig sein. Wenn jeder in der Familie zum Beispiel täglich eine kleine Hausarbeit übernimmt, wird es auch für Ihr Kind selbstverständlich, seine Aufgabe zu erfüllen – etwa den Mülleimer auszuleeren oder eine Pflanze zu gießen. Viele Kinder wünschen sich Haustiere. Auch das heißt aber: Verantwortung dafür übernehmen. Der Hamster, das Meerschweinchen oder der Vogel brauchen täglich Futter, der Käfig muß geputzt werden. Dafür muß das Kind dann ganz alleine zuständig sein.

Spiegel fürs Selbstbild

In der Familie und im Umgang mit anderen bauen Kinder allmählich ihr Selbstbild auf. Damit sie sich einigermaßen realistisch einschätzen können, brauchen sie viel Rückmeldung. Halten Sie Ihrem Kind deshalb immer wieder einen Spiegel vor: Gehen Sie auf seine Stärken, aber auch auf seine Schwächen ein! Loben, Mut machen, akzeptieren, anspornen und vor allem ehrlich sein, das nützt einem Kind am meisten für sein Selbst-Bewußtsein. Für eine Aufgabe, die Ihrem Kind besonders schwer fällt, hat es auch besonderes Lob verdient. Was es dagegen ohnehin sehr gut kann, muß nicht immer wieder bestaunt und bewundert werden.

Das Gespräch suchen

Sollte es in der Schule Probleme geben, sollte Ihr Kind in der Klasse als Störenfried, als Einzelgänger oder als Klassenkasperl auffallen, so ist die erste und beste Maßnahme immer: das Gespräch suchen! Sprechen Sie mit Ihrem Kind und mit dem Lehrer oder der Lehrerin! So kann man versuchen, gemeinsam Ursachen zu ergründen und Hilfen zu finden. Das geht allerdings nicht ohne gegenseitiges Vertrauen. Nur wenn man in aller Offenheit miteinander redet, kann man auch etwas erreichen. Das ist freilich schwer, denn allzu oft sitzen Mißtrauen und Angst tief. Die Eltern unterstellen dem Lehrer etwa, daß er ihr Kind nicht mag, der Lehrer fühlt sich von vornherein angegriffen und geht in Abwehrhaltung. So wird die Situation immer verfahrener, und dem Kind ist schon gar nicht geholfen. Fachkräfte können solche Knoten oft entwirren. Schulpsychologen, Sonderpädagogen oder Erziehungsberater kann man zu Rate ziehen. Die Schule informiert über die zuständigen Stellen. Und Sie sollten sich als Eltern wirklich nicht scheuen, diese Hilfen in Anspruch zu nehmen, wenn Sie mit Ihrem Latein am Ende sind.

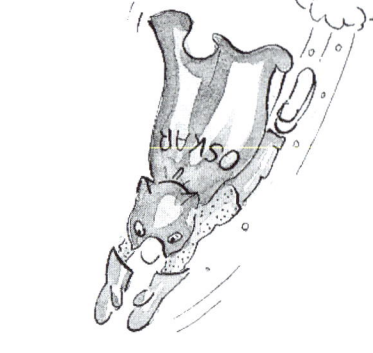

Oskar Besserwisser

Oskar ging schon seit einer Weile in die Schule. Er war schon sieben und fast einen Kopf größer als die anderen. Und er fühlte sich sehr stark – mindestens so stark wie Supermann. Das sollten die anderen auch wissen. Oskar sagte es ihnen bei jeder Gelegenheit.

„Ich kann viel schneller rennen als ihr", sagte er beim Turnen oder „Ich kann die große Matte ganz allein schleppen, weil ich viel stärker bin als ihr". Oskar fand außerdem, daß er sehr gescheit war. „Ich weiß viel mehr als du", sagte er immer zu seinem Banknachbarn. „Ich kann viel besser lesen als ihr – und rechnen kann ich sowieso viel besser", sagte er im Unterricht andauernd. „Ich kann das ganze ABC auswendig", sagte er beim Schreiben oder „Ich kann alle Buchstaben der Welt schon schreiben!" In der Pause prahlte er: „Ich kann jeden Ball viel besser fangen als ihr!"

Am Anfang staunten alle über Oskar. Weil er so groß war, hatten sie ein bißchen Angst vor ihm. Weil er immer vom Lesen, Schreiben und Rechnen erzählte, hielten alle ihn für sehr schlau. Aber dann wurden Oskars Geschichten ganz schön langweilig. Die Kinder hörten gar nicht mehr hin. Außerdem machte es keinen Spaß, mit Oskar zu spielen.

In der Klasse wollte keiner mehr neben Oskar sitzen. In der Pause wollte niemand mit Oskar spielen. Auf dem

Nachhauseweg wollte keiner mit Oskar gehen. Wenn Oskar wieder seine Prahlgeschichten erzählen wollte, riefen alle „Oskar Besserwisser!" und liefen weg.

Oskar ging gar nicht mehr gern in die Schule. Er hatte keinen einzigen Freund. Er saß ganz allein in der hintersten Bank. Er stand in der Pause immer nur allein herum. Allmählich hörte er mit seiner Angeberei auf und wurde ganz still. Er merkte außerdem, daß die anderen inzwischen auch ganz gut rechnen, lesen und schreiben konnten.

Einmal hatten sie Malstunde. Kurt, der kleinste und dünnste Knirps in der Klasse, malte immer die farbenprächtigsten und lustigsten Bilder. Er war ein echter Künstler. Oskar ging an Kurts Tisch vorbei und sah, wie Kurt gerade mit dem Pinsel die letzten Striche machte. „Oh, hast du aber ein schönes Bild gemalt!" sagte Oskar. Kurt lachte ihn an.

Mittags ging Kurt mit Oskar nach Hause, denn sie hatten den gleichen Weg. Am nächsten Tag spielte Kurt in der Pause mit Oskar Ball. Und dann fragte er die Lehrerin, ob er neben Oskar sitzen dürfte.

Von da an waren der große, starke Oskar und der kleine, dünne Kurt die besten Freunde. Und komisch, auch die anderen Kinder in der Klasse fanden Oskar jetzt schwer in Ordnung.

Gabriele Roß

Zum Beobachten

☐ Hat Ihr Kind Freunde? Spielt es gern mit anderen Kindern oder geht es anderen lieber aus dem Weg?

☐ Nimmt es von sich aus Kontakt mit anderen Kindern auf? Oder wartet es immer ab, bis andere den Anfang machen?

☐ Traut sich Ihr Kind an neue Situationen heran? Oder hängt es in fremder Umgebung nur an Ihrem Rockzipfel?

☐ Kann es sich in eine Gruppe einfügen oder drängt es sich auffallend oft in den Vordergrund? Braucht es viel Beachtung?

☐ Akzeptiert es andere Meinungen? Oder will es immer recht haben?

☐ Kann es Regeln einhalten? Zum Beispiel bei einem Ausflug nicht wegrennen, wenn Sie abgemacht haben, daß es in Ihrer Nähe bleiben soll?

☐ Kann es Kritik ertragen? Oder reagiert es bei jeder Zurechtweisung wütend und aggressiv, trotzig oder beleidigt und zieht sich zurück?

☐ Wie wird Ihr Kind mit Auseinandersetzungen fertig? Schlägt es schnell zu, petzt es häufig oder gibt es immer nach?

☐ Kann es für bestimmte Aufgaben Verantwortung übernehmen? Etwa eine Weile auf den kleinen Bruder aufpassen oder täglich das Meerschweinchen füttern?

Hilfe! Hausaufgaben!

Kinder brauchen sinnvolle Unterstützung

Zu den neuen Pflichten eines Schulkindes gehören die Hausaufgaben. Und die werden sehr schnell zur täglichen Qual – nicht nur für die Kinder, sondern vor allem für die Eltern.

Über den Sinn und Unsinn der Hausaufgaben läßt sich streiten. Längst nicht alle Pädagogen sind davon überzeugt, daß die häuslichen Übungen tatsächlich für den Lernerfolg nötig sind. Die Diskussion darüber hilft Eltern freilich wenig. Solange es die Hausaufgaben gibt, müssen sie sich mit dem Thema beschäftigen.

Meistens sind es die Mütter, die ihre Tagesplanung nach den Hausaufgaben des Kindes richten und über den täglichen Streß stöhnen. Oft genug weitet sich die „Sitzung" zu einem handfesten Krach aus: die Mutter verbessert, gibt Ratschläge, drängelt, das Kind trödelt, murrt, verliert die Lust. Die Auseinandersetzungen werden zu Kämpfen, und am Ende sind beide verzweifelt. So oder ähnlich beschreiben viele, viele Mütter die Hausaufgaben-Qualen.

Ein paar grundsätzliche Überlegungen sind wichtig: Hausaufgaben geben den Eltern Einblick ins schulische Lernen und halten sie auch auf dem laufenden über Stärken und Schwächen ihres Kindes beim momentanen Stoff. Aber es ist falscher Ehrgeiz, wenn Eltern „Hilfslehrer" sein und ihrem Kind dies und das nochmal, besser, genauer oder zusätzlich beibringen wollen.

„_Wir_ müssen noch Hausaufgaben machen", sagen Mütter oft und merken gar nicht, wie sehr sie sich damit einmischen. Die Hausaufgaben sind Sache des Kindes! Wenn es die Aufgaben am nächsten Tag in der Schule vorlegt, muß es selbst die Verantwortung dafür übernehmen. Das ist auch ein Stück Erziehung zur Selbständigkeit. Vom ersten Schultag an sollten deshalb feste Regeln für die Hausaufgabenzeit gelten. Einmal vereinbarte Abmachungen ersparen viele quälende Diskussionen. Sie können als Eltern für den rechten Rahmen sorgen, *machen* muß Ihr Kind die Aufgaben aber alleine.

Hier sind einige Tips, die verhindern können, daß die Hausaufgaben zur täglichen Strafarbeit für Mutter und Kind werden.

Der richtige Platz

Ihr Kind braucht für die Hausaufgaben einen eigenen Arbeitsplatz, an dem es sich ausbreiten kann und an dem es sich wohlfühlt, an dem es seine eigene Ordnung halten und auch mal was liegenlassen kann. Schon aus orthopädischen Gründen sind Couch und Wohnzimmertisch denkbar ungeeignet. Der Arbeitstisch sollte dem Kind in der Höhe angepaßt sein, so daß die Füße auf dem Boden stehen können.

Keine Störungen!

Der Hausaufgabenplatz sollte natürlich möglichst ungestört sein, denn lärmende Geschwister, Radiomusik oder Spielplatzgeräusche von draußen lenken gehörig ab. Achten Sie aber auch darauf, daß Sie selbst Ihr Kind nicht stören, indem Sie ihm dauernd über die Schulter schauen! Wenn möglich, halten Sie sich in Rufweite auf, so daß Ihr Kind notfalls fragen kann! Sollten sich die „Notfälle" aber häufen, vereinbaren Sie, daß Sie nicht mehr als zweimal zu Hilfe kommen! Besser noch, Ihr Kind braucht Sie überhaupt nicht! Das ist fürs Kind selbst ein großes Erfolgserlebnis, und das sollten Sie dann auch gebührend würdigen.

Duftöl oder Kuscheltier?

Jeder lernt anders. Auch das sollte man bedenken, aber Schüler müssen natürlich erst herausfinden, was ihnen beim Lernen hilft. Manche Kinder tun sich bei den Hausaufgaben leichter, wenn sie leise Entspannungsmusik oder einfach Küchen- oder Hausgeräusche im Hintergrund hören. Manche können sich mit Duftöl im Raum besser konzentrieren. Manchmal hilft bei den Hausaufgaben auch ein Kuscheltier oder ein Maskottchen, das mit auf dem Tisch sitzt.

es für die Arbeit alles braucht und legen die Utensilien zurecht. Dann lassen Sie Ihr Kind in Ruhe arbeiten – solange, bis es fertig ist und Ihnen das Ergebnis zeigen kann. Statt einer Kontrolle oder Verbesserung machen Sie dann lieber eine echte gemeinsame Besprechung: Fragen Sie Ihr Kind, was ihm leicht und was ihm schwer fiel, was schnell ging und was lange dauerte! Sagen Sie ihm, ob Ihnen die Arbeit gefällt oder nicht! Sie können Ihr Kind ruhig auf Fehler aufmerksam machen. Aber es muß selbst entscheiden, ob es sie verbessern will.

Mach mal Pause!

Verdonnern Sie Ihr Kind nicht, eine halbe Stunde oder länger ruhig am Tisch zu sitzen! Wenn es viel Bewegung braucht, muß es auch während der Hausaufgaben zwischendurch mal springen, hüpfen, zappeln oder gar eine Runde ums Haus drehen können. Bewegung bringt ein müdes Gehirn wieder in Gang! Es muß nur klar sein, daß Ihr Kind sich hinterher auch gleich wieder an die Arbeit macht.

Die richtige Zeit

Kontrolle – aber wie?

Interesse ist wichtiger als Kontrolle. Zeigen Sie Ihrem Kind, daß Sie sich für seine Hausaufgaben interessieren, daß Sie aber nicht der große Kontrolleur sein wollen! Damit sich die tägliche Pflicht einspielt, hilft ein immer gleichbleibender Ablauf. Eine bewährte Möglichkeit: Setzen Sie sich zu Beginn mit Ihrem Kind zusammen hin und helfen Sie ihm bei der Planung! Ihr Kind zeigt Ihnen, was es aufhat; es entscheidet, was es zuerst und was es später erledigen will. Sie überlegen zusammen, was

Wann ist die beste Zeit für Hausaufgaben? Wie Erwachsene, so haben auch Kinder ganz natürliche Leistungsschwankungen während des Tages. In Untersuchungen hat man herausgefunden, daß Schulkinder in den Vormittagsstunden zwischen 8 und 11 Uhr und nachmittags zwischen 16 und 18 Uhr besonders leistungsfähig sind. Gegen 14 Uhr sind die Kinder am wenigsten fit. Aber auch hier gilt: Jedes Kind und jede Familie hat einen eigenen Rhyth-

mus, und die beste Zeit muß man selbst herausfinden. Wichtig ist ein fest vereinbarter Zeitpunkt für die Hausaufgaben, der möglichst immer eingehalten wird. Wenn Sie Ihr Kind mitentscheiden lassen, wird es ihm auch leichter fallen, sich daran zu halten.

Für den nächsten Tag sorgen

Zum Abschluß der Hausaufgaben gehört es auch, für den nächsten Tag zu sorgen. Ihr Kind sollte lernen, selbständig auf seine Sachen zu achten und die Schultasche komplett zu packen. Oft müssen die Kinder Bastelmaterial oder Geld für eine Theatervorstellung oder ähnliches mitbringen. Fragen Sie deshalb lieber zum Abschluß der Hausaufgaben nach, damit man das nicht in aller Hektik am Morgen organisieren muß.

Hausaufgabenzeit – wie lange?

Wie lange soll ein Erstkläßler an den Hausaufgaben sitzen? Meistens gilt: höchstens eine halbe Stunde. Die Lehrerin oder der Lehrer Ihres Kindes wird Sie beim ersten Elternabend darüber informieren, wieviel Zeit etwa aufgewendet werden sollte. Die Hausaufgaben dürfen auf jeden Fall nur eine Ergänzung des Unterrichts sein. Das, was die Kinder zuhause üben sollen, müssen sie in der Schule schon gelernt haben, sie müssen es verstehen und in der angemessenen Zeit schaffen können.

Achtung, Probleme!

Natürlich haben Kinder ein ganz unterschiedliches Arbeitstempo. Wem das Lernen ohnehin leicht fällt, der ist im Handumdrehen mit den Hausaufgaben fertig. Kinder, die viel trödeln oder noch sehr verspielt sind, brauchen entsprechend länger. Wenn Sie aber bemerken, daß Ihr Kind sich abmüht und dennoch ewig über den Hausaufgaben brütet, sollten Sie einschreiten. Stundenlanges Sitzen ist unnütz. Denken Sie daran, daß die Konzentrationsspanne bei Sechsjährigen höchstens 20 Minuten beträgt! Wenn Ihr Kind die Hausaufgaben mit aller Anstrengung einfach nicht zustandebringt, machen Sie am besten der

Qual ein Ende! Sie können einen Vermerk für die Lehrerin oder den Lehrer ins Heft schreiben und um ein Gespräch bitten. Denn wenn die Hausaufgaben für ein Kind wirklich unlösbar sind, gilt nur eins: Man muß den Problemen gemeinsam auf den Grund gehen.

Oft ist es sinnvoll, auch andere Eltern nach ihren Erfahrungen zu fragen. Wenn es bei vielen Kindern in der Klasse Hausaufgabenprobleme gibt und wenn die Zeit nie ausreicht, sollte man das unbedingt mit dem Lehrer oder der Lehrerin besprechen. Vielleicht können die Hausaufgaben Thema eines Elternabends sein.

Tips für Trödler

Trödelkinder nehmen sich endlos Zeit, gerade bei den Hausaufgaben. Das bringt Eltern oft zur Verzweiflung. Nur: Es hilft nichts, zu schimpfen, anzutreiben, zu drängeln. Sparen Sie sich deshalb getrost die laufenden Ermahnungen! Es ist viel sinnvoller, wenn Sie Ihrem Kind selbst die Verantwortung zuschieben. Ein kleines Belohnungssystem kann außerdem ein guter Ansporn sein. Wie bei der Morgentoilette, so wirkt auch hier manchmal ein Wecker Wunder. Markieren Sie, wo der große Zeiger in einer halben Stunde steht! Oder stellen Sie auf einer Küchenuhr 30 Minuten ein – wenn es klingelt, soll die Hausaufgabe fertig sein. Jedesmal, wenn Ihr Kind diese Zeit einhält, darf es

zum Beispiel an einer „Hausaufgabenkette" eine Perle auffädeln. Und erst zehn Perlen kann es gegen eine kleine Belohnung eintauschen.

Oder aber Sie vereinbaren die Hausaufgabenzeit mit Ihrem Kind so, daß just 30 Minuten später etwa der Vater heimkommt oder daß die Kinderstunde beginnt oder der Freund auf dem Spielplatz wartet. Erfahrungsgemäß beeilen sich Kinder mehr, wenn es sich lohnt.

Verplante Kinder

Immer mehr Kinder brauchen fast schon einen Terminkalender: Montag Reiten, Dienstag Ballett, Mittwoch Flötenunterricht, Donnerstag Judo… Wo haben da die Hausaufgaben Platz? Und, noch viel wichtiger: Wann bleibt da Zeit zum Spielen, Toben, Bewegen mit Freunden und Freundinnen? Haben verplante Kinder noch Zeit zum Kindsein? Darüber sollte man ruhig mal nachdenken!

Zehn goldene Regeln

Auf einen Blick

1. Drohen Sie nicht mit der Schule, sondern machen Sie Ihr Kind neugierig auf das Lernen!

2. Ein geregelter Tagesablauf erleichtert den Schulalltag.

3. Selbständige Kinder tun sich in der Schule leichter.

4. Angst blockiert das Denken. Gute Stimmung und Spaß helfen beim Lernen.

5. Zehn Minuten konzentriertes Üben bringt mehr als eine Stunde gequältes Pauken.

6. Nehmen Sie das Gespräch mit Ihrem Kind wichtig! Regen Sie es an, Fragen zu stellen!

7. Wecken Sie das Interesse für Geschriebenes und für Bücher!

8. Fördern Sie Kontakte zwischen Ihrem Kind und seinen Schulkamerad(inn)en!

9. Eltern sind keine Hilfslehrer.

10. Lassen Sie sich helfen, wenn es Probleme gibt!

Liebe Eltern!

„Liebe Eltern!" So werden vermutlich viele Briefe und Mitteilungen beginnen, die Ihr Kind von der Schule mitbringt. Mit dem Schulstart fängt nicht nur für Ihr Kind ein neuer Lebensabschnitt an. Auch Sie selbst sind in einer neuen Rolle angesprochen.

Im Dreieck Kind – Schule – Eltern müssen Sie Ihren Platz herausfinden, und das ist gar nicht so einfach. Wenn Sie nur Ihr Kind sehen, es am liebsten immer beschützen und in Watte packen wollen, werden Sie in kürzester Zeit eine feindselige Stimmung erzeugen. Ihr Kind ist in der Klasse eines von vielen! Wenn Sie andererseits autoritätsgläubig nur die Forderungen der Schule sehen und immer dem Lehrer recht geben, wird Ihr Kind sich schnell alleingelassen fühlen. Auch das rechte Maß zwischen zu wenig Interesse und zu viel Einmischung ist nicht leicht zu finden. Auf jeden Fall benötigen Sie viel Feingefühl.

Es geht nur miteinander! Dazu gehört eine gute Portion Vertrauensvorschuß von allen Seiten. Angst und Mißtrauen sind die schlechtesten Grundlagen für den Umgang miteinander.

Bestes Verständigungsmittel: das Gespräch! Halten Sie laufend Kontakt mit der Lehrerin oder dem Lehrer Ihres Kindes, und tauchen Sie nicht erst dann auf, wenn es Probleme gibt! Sagen Sie der Lehrkraft ruhig auch mal, was Ihnen oder Ihrem Kind gefällt, anstatt nur immer die Kritik vorzubringen! Lehrer/Lehrerinnen sind auch nur Menschen und bekommen selten genug Anerkennung.

Kinder wollen oft nichts von der Schule erzählen oder geben nur knappe Auskünfte, wenn man sie danach frägt. Drängeln Sie Ihr Kind nicht, wenn es schulische Dinge lieber für sich behalten will! Wenn Sie mit dem Lehrer oder der Lehrerin in Kontakt bleiben und die Elternabende besuchen, werden Sie ohnehin auf dem laufenden gehalten. Vielleicht haben Sie Zeit und Lust, sich im Elternbeirat oder bei Aktivitäten wie Ausflügen und Spielnachmittagen zu engagieren.

Auch auf diese Weise können Sie Ihrem Kind Ihr Interesse an der Schule zeigen und Anstöße geben, die am Ende Ihrem Kind zugute kommen.

Manchmal hilft es viel, sich mit anderen Eltern auszutauschen. Allzu leicht geraten Eltern freilich ins alte Fahrwasser von Leistungsvergleich, Konkurrenz und Neid. Vielleicht gelingt es

Ihnen, sich nicht davon anstecken zu lassen. Jedes Kind ist eine eigene Persönlichkeit und jede Familie hat ihr eigenes Leben. Lassen Sie sich deshalb nicht verunsichern oder unter Druck setzen! Wichtig ist vor allem anderen, daß es Ihrem Kind gut geht.

Vielleicht schaffen Sie es gemeinsam, daß die Schulzeit für Ihr Kind nicht zum bitteren „Ernst des Lebens", sondern vielmehr zu einer interessanten und fröhlichen Kinderzeit wird.

Das jedenfalls wünsche ich Ihnen, liebe Eltern!